HandSumbook

통기초 독일어 생활회화

박일균 지음

정진출판사

이 책의 구성

이 책은 사업적인 상황, 관광지에서의 상황, 일상적인 상황 등 필요한 상황에 맞는 주요 표현을 담았습니다. 독일어 회화체 표현을 공부하려는 유학생이나 주재원, 여행객들뿐만 아니라 독일어를 처음 접하는 모든 사람들이 쉽고 재미있게 배울 수 있는 회화 책입니다.

독일인을 만날 때 문법이 틀릴 것을 걱정하여 대화를 피하지 말고 간단한 표현을 중심으로 능동적으로 묻거나 적극적으로 대하는 것이 독일어 실력 향상을 보장하는 길입니다. 여러분의 독일어 회화 공부에 이 책이 도움이 되기를 바랍니다.

이 책의 특징은 다음과 같습니다.

- 포켓북 사이즈로 만들어 항상 가볍게 휴대하며 학습할 수 있습니다. 또한 원어민이 녹음한 본문 전체의 mp3 파일을 내려 받아 자유롭게 학습에 활용할 수 있습니다.
- 전체적으로 기본적인 회화에서 상황에 따른 적절한 표현들로 내용을 구성하여 쉽게 원하는 표현을 찾으며 학습할 수 있습니다.
- 본문의 주요 표현은 이해하기 쉬운 간단한 대화 형식으로 구성하여 학습 효과를 높일 수 있으며, 각 장의 뒤에는 단어의 응용과 어휘력 향상을 위해 본문의 주제와 관련된 단어를 따로 실었습니다.
- 원어민 발음에 가까운 한글 발음을 표기하여 독일어를 처음 접하는 학습자들도 쉽게 익힐 수 있습니다.

목 차

이 책의 구성 ···· 3

제1장 인사와 소개

1. 인사 ···· 10
2. 처음 만났을 때 ···· 12
3. 오랜만에 만났을 때 ···· 14
4. 안부를 물을 때 ···· 16
5. 헤어질 때 ···· 18
6. 누구인지 물을 때 ···· 20
7. 소개하기 ···· 22
8. 국적 묻기 ···· 24
9. 직업 묻기 ···· 26
10. 출신지, 거주지 묻기 ···· 28
11. 나이를 물을 때 ···· 30
12. 가족 소개 ···· 32

- **관련단어** 가족, 친척 호칭/국가 이름/주요 도시명/직업

제2장 시간과 날씨

1. 시간을 물을 때 ···· 40
2. 요일을 물을 때 ···· 42
3. 날짜를 물을 때 ···· 44
4. 시간에 관한 표현 ···· 46
5. 약속을 정할 때 ···· 48
6. 날씨 표현 1 ···· 50
7. 날씨 표현 2 ···· 52

8. 자연재해 ········ 54
• **관련단어** 날씨/숫자(기수, 서수)/년, 월/날짜/시간

제3장 의견 · 감정 · 관심

1. 긍정의 표현 ········ 62
2. 맞장구 치기 ········ 64
3. 부정의 표현 ········ 66
4. 기쁠 때 ········ 68
5. 기분이 좋지 않을 때 ········ 70
6. 화나거나 놀랐을 때 ········ 72
7. 실망, 불만일 때 ········ 74
8. 위로할 때 ········ 76
9. 칭찬할 때 ········ 78
10. 사과할 때 ········ 80
11. 감사할 때 ········ 82
12. 허락, 허가의 표현 ········ 84
13. 거절할 때 ········ 86
14. 부탁할 때 ········ 88
15. 외모에 대한 표현 ········ 90
16. 성격에 대한 표현 ········ 92
17. 호감을 나타낼 때 ········ 94
• **관련단어** 감정 표현/외모

제4장 일상생활

1. 학교 생활 ········ 100
2. 회사 생활 ········ 102
3. 주거 ········ 104

4. 휴가 계획 ··· 106
5. 취미 생활 ··· 108
6. 스포츠 ··· 110
7. 병원에서 ··· 112
8. 약국에서 ··· 114
9. 우체국에서 ··· 116
10. 미용실에서 ··· 118
11. 세탁소에서 ··· 120
12. 서점에서 ··· 122
13. 은행에서 ··· 124
14. 극장에서 ··· 126
• **관련단어** 직위/취미, 스포츠/병 관련/병원, 약국/은행

제5장 전화

1. 전화를 걸 때 ··· 134
2. 전화를 받을 때 ··· 136
3. 부재중일 때 ··· 138
4. 말을 전할 때 ··· 140
5. 기타 전화 상황 ··· 142
• **관련단어** 전화, 휴대폰

제6장 초대 · 방문 · 축하

1. 초대할 때 ··· 146
2. 방문할 때 ··· 148
3. 손님을 맞이할 때 ··· 150
4. 식사를 대접할 때 ··· 152
5. 손님을 배웅할 때 ··· 154

6. 축하의 표현 ······ 156
7. 축복과 기원 ······ 158
• **관련단어** 주요 형용사

제7장 쇼핑 · 식사

1. 물건을 고를 때 ······ 162
2. 슈퍼에서 ······ 164
3. 물건 값 계산하기 ······ 166
4. 가격 흥정하기 ······ 168
5. 교환, 반품 ······ 170
6. 음식점 예약 ······ 172
7. 음식 주문하기 ······ 174
8. 맛에 대한 표현 ······ 176
9. 술을 마실 때 ······ 178
10. 식사 시의 기타 요청 ······ 180
11. 식사비 계산하기 ······ 182
• **관련단어** 의류/치수/양념/음료수/음식/맛

제8장 교통

1. 길을 물을 때 ······ 190
2. 길을 안내할 때 ······ 192
3. 버스를 이용할 때 ······ 194
4. 택시를 이용할 때 ······ 196
5. 지하철을 이용할 때 ······ 198
6. 열차를 이용할 때 ······ 200
7. 자동차를 렌트할 때 ······ 202
8. 기내에서 ······ 204
• **관련단어** 교통수단/방향에 관한 표현

제9장 관광

1. 출입국 심사 ········ 210
2. 수하물 찾기 ········ 212
3. 세관에서 ········ 214
4. 방 예약, 방 구하기 ········ 216
5. 체크인 하기 ········ 218
6. 룸서비스 ········ 220
7. 각종 문의 ········ 222
8. 체크아웃 하기 ········ 224
9. 관광지에서 ········ 226
10. 사진을 찍을 때 ········ 228
• **관련단어** 비행기/공항 내 주요 안내 표시/호텔

제10장 위급상황

1. 도둑맞았을 때 ········ 234
2. 물건을 잃어버렸을 때 ········ 236
3. 사고를 당했을 때 ········ 238
• **관련단어** 분실, 도난, 사고

부록

▶**초심자를 위한 독일어 막사용 설명서** ········ 242
▶**그림 단어** ········ 244
1. 객실 2. 화장실 3. 컴퓨터
4. 문구류 5. 가전제품 6. 주방
7. 승용차 8. 인체 9. 과일
10. 야채 11. 동물

인사와 소개 1장

1. 인사
2. 처음 만났을 때
3. 오랜만에 만났을 때
4. 안부를 물을 때
5. 헤어질 때
6. 누구인지 물을 때
7. 소개하기
8. 국적 묻기
9. 직업 묻기
10. 출신지, 거주지 묻기
11. 나이를 물을 때
12. 가족 소개

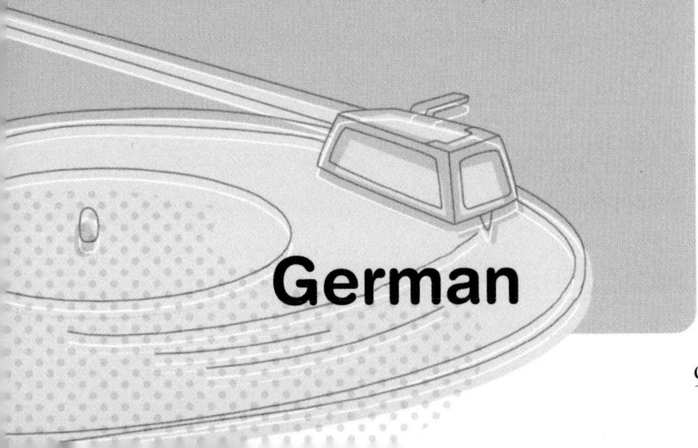

1. 인사

주요표현

A : Hallo, Paul.
할로 파울

B : Hallo, Anna.
할로 안나

A : 안녕, 파울.
B : 안녕, 안나.

안녕하세요! (아침 인사)

Guten Morgen!
구텐 모르겐

안녕하세요! (오후 인사)

Guten Tag!
구텐 탁

안녕하세요! (저녁 인사)

Guten Abend!
구텐 아벤트

안녕하세요! (밤 인사)

Gute Nacht!
구테 나흐트

안녕하세요!

Hallo!
할로

안녕하세요!

Grüß Gott!

그뤼스 곳

안녕!

Grüß dich!

그뤼스 디씨

괜찮아요?

Alles klar bei Ihnen?

알레스 클라 바이 이넨

기분이 아주 좋습니다.

Ich fühle mich sehr gut.

이히 퓔레 미히 제어 굿

컨디션이 안 좋습니다.

Ich fühle mich nicht wohl.

이히 퓔레 미히 니히트 볼

서로 잘 아는 사이에서는 주로 Hallo를 사용하며, 독일 바이에른 지방이나 오스트리아에서는 Grüß dich!라고도 합니다. 전화상으로 '여보세요?' 역시 Hallo?라고 하면 됩니다.

2. 처음 만났을 때

주요표현

A : Willkommen in Deutschland.
빌콤멘 인 도이칠란트

B : Es freut mich, Sie kennenzulernen.
에스 프로잇 미히 지 켄넨쭈레어넨

A : 독일에 오신 것을 환영합니다.
B : 만나서 반갑습니다.

이분은 김 선생입니다.

Das ist Herr Kim.
다스 이스트 헤어 킴

만나게 되어 반갑습니다.

Es freut mich, Sie kennenzulernen.
에스 프로잇 미히 지 켄넨쭈레어넨

저 역시 만나서 기쁩니다.

Es freut mich auch.
에스 프로잇 미히 아우흐

저를 소개하겠습니다.

Ich möchte mich vorstellen.
이씨 뫼씨테 미히 포어슈텔렌

이름이 어떻게 되세요?

Wie ist Ihr Name?
뷔 이스트 이어 나메?

저는 박한나입니다.

Ich heiße Hanna Park.

이씨 하이쎄 한나 팍

내 이름은 엠마 뮐러입니다.

Mein Name ist Emma Müller.

마인 나메 이스트 엠마 뮐러

혹시 저를 아세요?

Kennen Sie mich vielleicht?

켄넨 지 미히 필라이히트

예, 알고 있습니다.

Ja, ich kenne Sie schon.

야 이히 켄네 지 숀

당신이 낯익어 보입니다.

Sie sind mir nicht fremd.

지 진트 미어 니히트 프렘트

독일에서 누군가를 소개받고 '만나서 반갑습니다'라는 표현을 하고자 할 때는 가볍게 악수하면서 Es freut mich, Sie kennenzulernen.이라고 하면 되지만, 젊은이들 사이에서는 Es freut mich., 혹은 더 간단하게 Freut mich.라고 하기도 합니다.

3. 오랜만에 만났을 때

주요표현

A : Lange nicht gesehen, wie geht's?
랑에 니히트 게제엔 뷔 게엣츠?

B : Danke gut, und dir?
당케 굿 운트 디어

A : 오랜만이야. 어떻게 지냈어?

B : 고마워, 잘 지냈어. 너는?

우리 정말 오래간만입니다.

Wir haben uns ja lange nicht gesehen.
뷔어 하벤 운스 야 랑에 니시트 게제엔

어떻게 지내시는지요?

Wie geht es Ihnen?
뷔 게엣 에스 이넨

잘 지냅니다.

Es geht mir gut.
에스 게엣 미어 굿

그럼 당신은요?

Und Ihnen?
운트 이넨

잘 지내셨습니까?

Geht es Ihnen gut?
게엣 에스 이넨 굿

저도 역시 잘 지내요.

Auch gut, danke.
아우흐 굿 당케

어떻게 지내니?

Wie geht's?
뷔 게엣츠

고마워, 잘 지내. 너는?

Danke gut, und dir?
당케 굿 운트 디어

그럭저럭요.

Es geht.
에스 게엣

별일 없어요.

Nichts Besonderes.
니히츠 베존더레스

'오랜만이다.'라는 표현 Lange nicht gesehen.은 Wir haben uns lange nicht gesehen.의 줄임말입니다. 직역하면 '우리가 오랫동안 보지 못했다.'는 뜻입니다. '어떻게 지냈습니까?'를 존칭 상대에게 물을 때는 Wie geht es Ihnen?이라 하고, 친구들이나 아이들에게는 Wie geht's?라고 합니다.

4. 안부를 물을 때

주요표현

A : Wie läuft die Arbeit?
뷔 로이프트 디 아르바이트

B : Es läuft sehr gut.
에스 로이프트 제어 굿

A : 하시는 일은 어떻게 되세요?

B : 아주 잘되고 있습니다.

하시는 일은 어떻게 되나요?

Wie läuft es mit der Arbeit?
뷔 로이프트 에스 밋 데어 아르바이트

다 잘되고 있습니다.

Alles läuft gut.
알레스 로이프트 굿

하시는 일이 많나요?

Haben Sie viel zu tun?
하벤 지 필 쭈 툰

예, 항상 바쁘답니다.

Ja, ich bin noch immer beschäftigt.
야 이히 빈 노흐 임머 베쉐프티히트

요즘 어떻게 지내세요?

Wie läuft es bei Ihnen zurzeit?
뷔 로이프트 에스 바이 이넨 쭈어짜잇

요즘 회사에 일이 많아요.

Es gibt zurzeit viel Arbeit in der Firma.

에스 깁트 쭈어짜잇 필 아르바이트 인 데어 피르마

사업은 잘됩니까?

Gehen Ihre Geschäfte gut?

게엔 이어레 게쉐프테 굿

사업이 잘 안 됩니다.

Das Geschäft ist sehr flau.

다스 게쉐프트 이스트 제어 플라우

나쁘지 않아요.

Nicht schlecht.

니히트 슐레히트

그렇게 좋지는 않아요.

Nicht so gut.

니히트 조 굿

läuft는 laufen(뛰다) 동사의 3인칭 단수 형태로 보통 '(잘)되어가다'라는 의미로 사용됩니다. gehen(가다)도 역시 '(잘)되어가다'라는 의미로 사용되는 경우가 많습니다.

5. 헤어질 때

주요표현

A : Auf Wiedersehen.
아우프 비더제엔

B : Schönen Tag noch. Tschüs!
쉐넨 탁 노흐 취스

A : 안녕히 계세요.

B : 즐거운 하루 되세요. 잘 가요!

다음에 봐요.

Bis zum nächsten Mal.
비스 쭘 넥스텐 말

나중에 봐요.

Bis später.
비스 슈페터

내일 봐요.

Bis morgen.
비스 모르겐

조금 있다 봐요.

Bis gleich.
비스 글라이히

잘 지내렴.

Mach's gut.
막스 굿

안녕. (헤어질 때)

Ciao.
챠오

남편에게 안부 전해 주세요.

Viele Grüße an Ihren Mann.
필레 그뤼쎄 안 이어렌 만

어머니께 안부 전해 주세요.

Viele Grüße an Ihre Mutter.
필레 그뤼쎄 안 이어레 무터

좋은 저녁 되세요.

Schönen Abend noch.
쉐넨 아벤트 노흐

좋은 주말 되세요

Schönes Wochenende.
쉐네스 보헨엔데

공식적으로 헤어질 때의 인사는 Auf Wiedersehen.이며 친한 사이에는 '잘 가'라는 의미로 Tschüss 혹은 Tschüs를 사용합니다. 요즘에는 이탈리아어에서 유래한 Ciao를 사용하기도 합니다.

6. 누구인지 물을 때

주요표현

A : Wer ist das?
베어 이스트 다스

B : Das ist Herr Schneider.
다스 이스트 헤어 슈나이더

A : 이분은 누구입니까?

B : 이분은 슈나이더 씨입니다.

당신들은 서로 아는 사이인가요?

Kennen Sie sich schon?
켄넨 지 지히 숀

예, 우린 이미 알고 있는 사이입니다.

Ja, wir kennen uns schon.
야 뷔어 켄넨 운스 숀

우리는 서로 뵌 적이 있습니다.

Wir kennen uns vom Sehen.
뷔어 켄넨 운스 폼 제엔

베크만 씨를 원래부터 알고 계신 건가요?

Kennen Sie eigentlich Herrn Beckmann?
켄넨 지 아이겐틀리히 헤언 베크만

그는 내 직장동료입니다.

Er ist mein Kollege.
에어 이스트 마인 콜레게

그는 생산부서에서 근무하고 있습니다.

Er arbeitet in der Produktionsabteilung.

에어 아르바이텟 인 데어 프로둑치온스압타일룽

이분은 내 상사입니다.

Das ist mein Chef.

다스 이스트 마인 쉐프

저 부인은 누구인가요?

Wer ist die Dame?

베어 이스트 디 다메

그녀는 내 고객입니다.

Sie ist meine Kundin.

지 이스트 마이네 쿤딘

그녀의 이름을 모릅니다.

Ich weiß nicht, wie sie heißt.

이히 바이쓰 니히트 뷔 지 하이스트

wer는 영어의 who에 해당하는 의문대명사로서 보통 그 사람의 신분이나 이름 등을 물을 때 사용합니다. Wer ist das?는 '이 사람은 누구입니까?'를 뜻하며, 영어에서 Who is this?로 표현하는 것과 같습니다.

7. 소개하기

주요표현

A : Das ist Martin Schultz.
다스 이스트 마틴 슐츠

B : Freut mich, Sie kennenzulernen.
프로잇 미히 지 켄넨쭈레어넨

A : 이분은 마틴 슐츠 씨입니다.

B : 만나서 반갑습니다.

제 회사 동료를 소개하고 싶습니다.

Ich möchte Ihnen meinen Kollegen vorstellen.
이히 뫼히테 이넨 마이넨 콜레겐 포어슈텔렌

저는 김문호입니다.

Ich bin Munho Kim.
이히 빈 문호 킴

저는 지멘스에서 일하고 있습니다.

Ich arbeite bei Siemens.
이히 아르바이테 바이 지멘스

이쪽은 제 회사동료입니다.

Das ist mein Kollege.
다스 이스트 마인 콜레게

이쪽은 제 아내입니다.

Das ist meine Frau.
다스 이스트 마이네 프라우

저는 보리스 베커입니다. 만나서 반가워요.

Ich bin Boris Becker. Freut mich, Sie zu sehen.
이히 빈 보리스 베커 프로잇 미히 지 쭈 제엔

저는 미카엘 슈마허입니다. 저도 만나서 반가워요.

Ich bin Michael Schuhmacher. Freut mich auch.
이히 빈 미카엘 슈마허 프로잇 미히 아우흐

제 친구를 소개하고 싶습니다.

Ich möchte Ihnen meinen Freund vorstellen.
이히 뫼히테 이넨 마이넨 프로인트 포어슈텔렌

당신에게 김 씨를 소개해도 될까요?

Darf ich Ihnen Herrn Kim vorstellen?
다르프 이히 이넨 헤른 킴 포어슈텔렌

제가 당신을 그에게 소개해 드릴게요.

Ich mache Sie mit ihm bekannt.
이히 마헤 지 밋 이임 베칸트

Das ist ~는 '이 사람은 ~입니다'로 사람을 소개할 때 쓰는 말입니다. 이름을 먼저 말하고 성을 나중에 말합니다. das는 지시대명사로서 사람이나 사물에 쓰이며, '이 사람', '저 사람', '이것', '저것'을 총칭하는 대명사입니다.

8. 국적 묻기

주요표현

A : Woher kommen Sie?
보헤어 콤멘 지

B : Ich komme aus Korea.
이히 콤메 아우스 코레아

A : 어디에서 오셨어요?

B : 한국에서 왔습니다.

어디에서 오셨습니까?

Wo kommen Sie her?
보 콤멘 지 헤어

저는 한국에서 왔습니다.

Ich komme aus Südkorea.
이히 콤메 아우스 쥐트코레아

당신은 국적이 어디입니까?

Welche Staatsangehörigkeit haben Sie?
벨혜 슈탓츠안게회리히카이트 하벤 지

한국입니다.

Koreanisch.
코레아니쉬

당신은 일본인입니까?

Sind Sie Japanerin?
진트 지 야파너린

아닙니다. 한국인입니다.

Nein, ich bin Koreanerin.
나인 이히 빈 코레아너린

오신 지 얼마나 되셨습니까?

Seit wann sind Sie in Deutschland?
자잇 봔 진트 지 인 도이칠란트

독일은 처음입니다.

Ich bin zum ersten Mal hier in Deutschland.
이히 빈 쭘 에어스텐 말 히어 인 도이칠란트

독일어를 하십니까?

Sprechen Sie Deutsch?
슈프레헨 지 도이취?

독일어를 잘 못합니다.

Ich spreche nicht gut Deutsch.
이히 슈프레헤 니시트 굿 도이취

'한국'이란 나라 이름은 Korea, 혹은 Südkorea입니다. '북한'이 아니라 '남한'임을 강조할 때는 Südkorea를 사용합니다. 하지만 '국적'은 나라 이름이 아니라 '그 나라에 속해 있는 상태'를 뜻하는 말이니 형용사 Koreanisch로 표현합니다. 그리고 '한국인'은 Koreaner / Koreanerin(여)이라고 합니다.

9. 직업 묻기

주요표현

A : Was sind Sie von Beruf?
봐스 진트 지 폰 베루프

B : Ich bin Angestellter.
이히 빈 안게슈텔터

A : 직업이 무엇입니까?

B : 저는 회사원입니다.

직업이 무엇입니까?

Was ist Ihr Beruf?
봐스 이스트 이어 베루프

하시는 일은 어떻게 되세요?

Was machen Sie beruflich?
봐스 마헨 지 베루플리히

저는 교사로 일하고 있습니다.

Ich bin als Lehrer tätig.
이히 빈 알스 레러 테티히

저는 한 은행에서 일하고 있어요.

Ich arbeite bei einer Bank.
이히 아르바이테 바이 아이너 방크

저는 증권중개인입니다.

Ich bin Börsenmakler.
이히 빈 뵈어젠마클러

저는 프로그래머로 일하고 있어요.

Ich arbeite als Programmierer.
이히 아르바이테 알스 프로그라미어러

어디서 근무하시죠?

Wo arbeiten Sie?
보 아르바이텐 지

저는 한 여행사에서 일하고 있습니다.

Ich arbeite bei einem Reisebüro.
이히 아르바이테 바이 아이넴 라이제뷔로

저는 공무원이 되고 싶습니다.

Ich möchte Beamter werden.
이히 뫼히테 베암터 베어덴

저는 대기업에서 일하고 싶습니다.

Ich möchte bei einem großen Unternehmen
이히 뫼히테 바이 아이넴 그로쎈 운터네멘

arbeiten.
아르바이텐

일반적인 회사원, 즉 어느 회사에 정식으로 고용되어 사무실에서 일하고 있는 정직원을 Angestellter라고 합니다. 여직원은 Angestellte라고 하지요. 직업을 물을 때는 Was sind Sie von Beruf?가 일반적이지만 von Beruf를 생략하여 Was sind Sie?라고 묻기도 합니다.

10. 출신지, 거주지 묻기

주요표현

A : Wo wohnen Sie?
보 보넨 지

B : Ich wohne in Düsseldorf.
이히 보네 인 뒤셀도르프

A : 댁은 어디세요?

B : 저는 뒤셀도르프에서 살고 있습니다.

고향은 어디세요?

Wo ist Ihre Heimat?
보 이스트 이어레 하이맛

내 고향은 서울입니다.

Meine Heimat ist Seoul.
마이네 하이맛 이스트 서울

지금은 어디서 사시죠?

Wo wohnen Sie jetzt?
보 보넨 지 옛츠트

서울 근교에서 삽니다.

Ich wohne in der Nähe von Seoul.
이히 보네 인 데어 네에 폰 서울

저는 시내에서 삽니다.

Ich wohne in der Stadtmitte.
이히 보네 인 데어 슈타트미테

댁이 여기서 멀어요?

Wohnen Sie weit weg von hier?
보넨 지 바잇 벡 폰 히어

아니요, 멀지 않습니다.

Nein, meine Wohnung ist nicht weit von hier.
나인 마이네 보눙 이스트 니히트 바잇 폰 히어

그곳까지 얼마나 걸려요?

Wie lange dauert es bis dorthin?
뷔 랑에 다우어트 에스 비스 도어트힌

지하철로 반 시간 정도 걸립니다.

Es dauert eine halbe Stunde mit der U-Bahn.
이스 다우어트 아이네 할베 슈툰데 밋 데어 우반

여기 근처에서 삽니다. 걸어서 갈 수 있어요.

Ich wohne in der Nähe von hier. Man kann zu Fuß gehen.
이히 보네 인 데어 네에 폰 히어 만 칸 쭈 푸쓰 게엔

상대방의 거주지를 물을 때는 Wo wohnen Sie?라고 합니다. wohnen 동사는 '거주하다'라는 뜻을 가지고 있지요. 거주하고 있는 곳, 다시 말해서 '집'은 일반적으로 Wohnung이라고 합니다. Haus는 집이 '단독주택'이거나 '건물' 개념일 때 사용됩니다.

11. 나이를 물을 때

주요표현

A : Wie alt sind Sie?
뷔 알트 진트 지

B : Ich bin 26 Jahre alt.
이히 빈 젝스운트쯔반찌히 야레 알트

A : 나이가 어떻게 되세요?

B : 26세입니다.

너 몇 살이니?

Wie alt bist du?
뷔 알트 비스트 두

나이가 어떻게 되는지 여쭤봐도 될까요?

Darf ich Sie fragen, wie alt Sie sind?
다르프 이히 지 프라겐 뷔 알트 지 진트

제 나이가 몇인지 맞춰보세요.

Erraten Sie, wie alt ich bin.
에어라텐 지 뷔 알트 이히 빈

몇 년생이세요?

In welchem Jahr sind Sie geboren?
인 벨혬 야 진트 지 게보렌

저는 1999년생입니다.

Ich bin im Jahr 1999 geboren.
이히 빈 임 야 노인첸훈더트노인운트노인찌히 게보렌

저보다 두 살 많으시네요.

Sie sind zwei Jahre älter als ich.
지 진트 쯔바이 야레 엘터 알스 이히

저랑 동갑이시네요.

Sie sind so alt wie ich.
지 진트 조 알트 뷔 이히

저는 당신과 동갑입니다.

Ich bin gerade Ihr Alter.
이히 빈 게라데 이어 알터

저는 20대입니다.

Ich bin in meinen Zwanzigern.
이히 빈 인 마이넨 쯔반찌건

나이에 비해 젊어 보이시네요.

Sie sehen jünger aus, als Sie sind.
지 제엔 윙어 아우스 알스 지 진트

독일어에서 나이를 묻는 표현은 영어의 How old are you?와 구조가 같은 Wie alt sind Sie?를 사용합니다. 하지만 친해지기 전에 상대방의 나이를 직접 묻는 경우는 드뭅니다. 나이가 궁금하다면 태어난 연도를 묻거나 공손하게 Darf ich fragen, wie alt Sie sind?(나이가 어떻게 되는지 여쭈어도 될까요?)라고 하면 됩니다.

12. 가족 소개

주요표현

A : Wie groß ist Ihre Familie?
뷔 그로스 이스트 이어레 파밀리에

B : Wir sind zu viert in der Familie.
뷔어 진트 쭈 피어트 인 데어 파밀리에

A : 가족이 몇 분이세요?

B : 우리는 네 식구입니다.

가족에 대해서 말씀 좀 해주세요.

Erzählen Sie mir bitte von Ihrer Familie.
에어쩰렌 지 미어 비테 폰 이어러 파밀리에

가족이 몇 분이십니까?

Wie viele Personen sind zu Hause?
뷔 필레 페르조넨 진트 쭈 하우제

우리는 세 식구입니다.

Wir sind drei.
뷔어 진트 드라이

우리 가족은 여섯 명입니다.

Meine Familie besteht aus sechs Personen.
마이네 파밀리에 베슈테엣 아우스 젝스 페르조넨

우리는 대가족입니다.

Meine Familie ist groß.
마이네 파밀리에 이스트 그로스

형제자매가 없습니까?

Haben Sie keine Geschwister?

하벤 지 카이네 게슈비스터

예, 저는 독자입니다.

Nein, ich bin ein Einzelkind.

나인 이히 빈 아인 아인쩰킨트

아뇨, 저는 여동생이 있습니다.

Doch, ich habe eine Schwester.

도흐 이히 하베 아이네 슈베스터

저는 외동아들입니다.

Ich bin der einzige Sohn.

이히 빈 데어 아인찌게 존

저는 장남입니다.

Ich bin der älteste Sohn.

이히 빈 데어 엘테스테 존

'우리 가족은 ~ 식구입니다.'라고 가족을 소개하는 경우에는 일반적으로 bestehen aus ~를 사용합니다. bestehen aus ~는 '~으로 구성되다'라는 뜻으로서, 가족이 네 식구인 경우에는 Meine Familie besteht aus vier Personen.이라고 하면 됩니다. '내 가족은 4명으로 구성되어 있다.'라는 뜻입니다.

관련단어

가족, 친척 호칭

Eltern	엘턴	부모
Vater	파터	아버지
Mutter	무터	어머니
Großvater	그로스파터	할아버지
Großmutter	그로스무터	할머니
Sohn	존	아들
Tochter	토흐터	딸
Bruder	브루더	형제
Schwester	슈베스터	자매
Geschwister	게슈비스터	형제자매
Verwandten	페어반텐	친척(들)
Tante	탄테	이모, 고모, 숙모
Onkel	옹클	삼촌
Schwager	슈바거	매형, 동서(남), 형부
Schwägerin	슈베거린	올케, 시누이
Vetter	페터	사촌(남)
Kusine	쿠지네	사촌(여)
Neffe	네페	조카(남)
Nichte	니히테	조카(여)
Enkel	엥켈	손자
Enkelin	엥켈린	손녀
Schwiegersohn	슈비거존	사위
Schwiegertochter	슈비거토흐터	며느리
Schwiegervater	슈비거파터	시아버지, 장인
Schwiegermutter	슈비거무터	시어머니, 장모

국가 이름

Afghanistan	아프가니스탄	아프가니스탄
Argentinien	아르겐티니엔	아르헨티나
Australien	아우스트랄리엔	호주
Ägypten	에깁텐	이집트
Belgien	벨기엔	벨기에
Brasilien	브라질리엔	브라질
Bulgarien	불가리엔	불가리아
Chile	칠레	칠레
China	히나	중국
Dänemark	데네마크	덴마크
Deutschland	도이칠란트	독일
Finnland	핀란트	핀란드
Frankreich	프랑크라이히	프랑스
Griechenland	그리헨란트	그리스
Indien	인디엔	인도
Indonesien	인도네지엔	인도네시아
Irak	이락	이라크
Iran	이란	이란
Irland	이얼란트	아일랜드
Israel	이스라엘	이스라엘
Italien	이탈리엔	이탈리아
Japan	야판	일본
Kanada	카나다	캐나다
Korea	코레아	한국
Malaysia	말레이지아	말레이시아
Mexiko	멕시코	멕시코

관련단어

die Niederlande	디 니덜란데	네덜란드
Nordkorea	노어트코레아	북한
Norwegen	노르베겐	노르웨이
Österreich	외스터라이히	오스트리아
Polen	폴렌	폴란드
Portugal	포어투갈	포르투갈
Philippinen	필리피넨	필리핀
Russland	루슬란트	러시아
Schweden	슈베덴	스웨덴
die Schweiz	디 슈바이츠	스위스
Spanien	슈파니엔	스페인
Südkorea	쥐트코레아	남한
die Türkei	디 튀어카이	터키
die USA	디 우에스아	미국
Vietnam	비엣남	베트남

주요 도시명

Seoul	제오울	서울
Berlin	베얼린	베를린
Madrid	마드릿	마드리드
Brasilia	브라질리아	브라질리아
New York	뉴욕	뉴욕
Stockholm	슈톡홀름	스톡홀름
Peking	페킹	북경
Tokio	도키오	도쿄
Paris	파리스	파리
Moskau	모스카우	모스크바

Lissabon	리사본	리스본
Kopenhagen	코펜하겐	코펜하겐
Hongkong	홍콩	홍콩
São Paulo	상파울로	상파울로

직업

Beruf	베루프	직업
Beamter	베암터	공무원
Polizei	폴리짜이	경찰
Polizist	폴리찌스트	경찰관
Soldat	졸닷	군인
Pilot	필롯	파일럿, 조종사
Lehrer	레러	선생님, 교사
Student	슈투덴트	대학생
Spieler	슈필러	운동선수
Professor	프로페쏘어	교수
Arzt	아르츠트	의사
Krankenschwester	크랑켄슈베스터	간호사
Apotheker	아포테커	약사
Sänger	젱어	가수
Arbeiter	아르바이터	노동자
Künstler	퀸스틀러	예술가, 연예인
Schauspieler	샤우슈필러	배우, 연기자
Koch	코흐	요리사
Architekt	아키텍트	건축가
Ingenieur	인제뇌어	기술자, 엔지니어
Rechtsanwalt	레히츠안봘트	변호사

관련단어

Steuerberater	슈토이어베라터	세무사
Bauer	바우어	농민, 농부
Fischer	피셔	어민, 어부
Übersetzer	위버젯쩌	번역가
Dolmetscher	돌메쳐	통역가
Reporter	레포터	기자
Kaufmann	카우프만	상인
Verkäufer	페어코이퍼	판매원
Fahrer	파러	운전사
Politiker	폴리티커	정치인
Friseur	프리죄어	미용사
Tischler	티쉴러	목수

2장

시간과 날씨

1. 시간을 물을 때
2. 요일을 물을 때
3. 날짜를 물을 때
4. 시간에 관한 표현
5. 약속을 정할 때
6. 날씨 표현 1
7. 날씨 표현 2
8. 자연재해

1. 시간을 물을 때

주요표현

A : Wie spät ist es?
뷔 슈펫 이스트 에스

B : Es ist Viertel vor elf.
에스 이스트 피어텔 포어 엘프

A : 몇 시입니까?

B : 10시 45분입니다.

지금 몇 시인가요?

Wie viel Uhr ist es jetzt?
뷔 필 우어 이스트 에스 옛츠트

정확히 7시입니다.

Es ist genau sieben.
에스 이스트 게나우 지벤

9시 15분입니다.

Es ist Viertel nach neun.
에스 이스트 피어텔 나흐 노인

오후 8시 30분입니다.

Es ist zwanzig Uhr dreißig.
에스 이스트 쯔반찌히 우어 드라이씨히

몇 시에 만날까요?

Um wie viel Uhr treffen wir uns?
움 뷔 필 우어 트레펜 뷔어 운스

우리 10시 30분에 만날까요?

Wollen wir uns um halb elf treffen?

볼렌 뷔어 운스 움 할프 엘프 트레펜

만날 약속을 하고 싶습니다.

Ich möchte einen Termin vereinbaren.

이히 뫼히테 아이넨 테르민 페어아인바렌

몇 시가 괜찮으세요?

Um wie viel Uhr ist es Ihnen recht?

움 뷔 필 우어 이스트 에스 이넨 레히트

제일 괜찮은 시간이 몇 시죠?

Um wie viel Uhr passt es Ihnen am besten?

움 뷔 필 우어 파스트 에스 이넨 암 베스텐

6시는 어떨까요?

Wie wäre es mit sechs Uhr?

뷔 베레 에스 밋 젝스 우어

독일어로 시간을 말하는 방법은 두 가지가 있습니다. 12시간 체계로 말하는 방법과 24시간 체계로 말하는 방법입니다. 예를 들면 다음과 같습니다.

17시 30분 : Es ist halb sechs. / Es ist siebzehn Uhr dreißig.

20시 15분 : Es ist Viertel nach acht. / Es ist zwanzig Uhr fünfzehn.

2. 요일을 물을 때

주요표현

A : Welcher Tag ist heute?
벨혀 탁 이스트 호이테

B : Heute ist Donnerstag.
호이테 이스트 돈너스탁

A : 오늘은 무슨 요일입니까?

B : 오늘은 목요일입니다.

오늘은 무슨 요일입니까?

Welchen Tag haben wir heute?
벨혠 탁 하벤 뷔어 호이테

오늘이 무슨 요일이죠?

Was für ein Tag ist heute?
봐스 퓨어 아인 탁 이스트 호이테

오늘은 월요일입니다.

Wir haben heute Montag.
뷔어 하벤 호이테 몬탁

어제는 무슨 요일이었죠?

Welchen Wochentag hatten wir gestern?
벨혠 보헨탁 하텐 뷔어 게스턴

어제는 수요일이었습니다.

Gestern war Mittwoch.
게스턴 봐 미트보흐

지난 토요일에는 무엇을 하셨나요?

Was haben Sie am letzten Samstag gemacht?

봐스 하벤 지 암 렛츠텐 잠스탁 게마흐트

영화 한 편 봤습니다.

Ich habe einen Film gesehen.

이히 하베 아이넨 필름 게제엔

주말에 무슨 계획이 있습니까?

Haben Sie am Wochenende etwas vor?

하벤 지 암 보헨엔데 에트봐스 포어

아뇨, 집에서 책이나 읽으려고요.

Nein, ich will zu Hause bleiben und lesen.

나인 이히 빌 쭈 하우제 블라이벤 운트 레젠

토요일 저녁에는 콘서트 보러 갑니다.

Am Samstagabend gehe ich ins Konzert.

암 잠스탁아벤트 게에 이히 인스 콘체어트

요일을 물을 때는 welch-나 was für ein-과 같은 형용사적 의문사로 표현합니다. '오늘이 무슨 요일입니까?'는 Welcher Tag ist heute? 혹은 Was für ein Tag ist heute?를 주로 사용합니다. 날짜를 묻는 표현인 Der wievielte ist heute?나 Welches Datum ist heute?와 혼동할 수 있으니 구분해야 합니다.

3. 날짜를 물을 때

주요표현

A : Der wievielte ist heute?
데어 뷔필테 이스트 호이테

B : Heute ist der 5.(fünfte) Juli.
호이테 이스트 데어 퓐프테 율리

A : 오늘은 며칠입니까?

B : 오늘은 7월 5일입니다.

오늘이 며칠입니까?

Welches Datum ist heute?
벨혜스 다툼 이스트 호이테

오늘은 4월 28일입니다.

Heute ist der 28.(achtundzwanzigste) April.
호이테 이스트 데어 아흐트운트쯔반찌히스테 아프릴

오늘이 며칠이죠?

Den wievielten haben wir heute?
덴 뷔필텐 하벤 뷔어 호이테

오늘은 8월 1일입니다.

Wir haben heute den ersten August.
뷔어 하벤 호이테 덴 에어스텐 아우구스트

생일이 언제입니까?

Wann haben Sie Geburtstag?
봔 하벤 지 게부어츠탁

내일모레요, 10월 3일입니다.

Übermorgen, am dritten Oktober.
위버모르겐 암 드리텐 옥토버

언제 태어나셨죠?

Wann sind Sie geboren?
봔 진트 지 게보렌

저는 12월 6일에 태어났습니다.

Ich bin am 6.(sechsten) Dezember geboren.
이히 빈 암 젝스텐 데쳄버 게보렌

새학기는 언제 시작하죠?

Wann fängt das neue Semester an?
봔 펭트 다스 노이에 제메스터 안

학기가 10월 15일에 시작합니다.

Das Semester beginnt am 15.(fünfzehnten) Oktober.
다스 제메스터 베긴트 암 퓐프첸텐 옥토버

날짜를 말할 때는 항상 서수로 표현해야 합니다. 서수는 일반적으로 1부터 19까지는 기수에 -t를 붙이고, 20 이상은 -st를 붙입니다. 물론 형용사 어미변화가 뒤따르지요.

08월 04일 : der vierte August

10월 23일 : der dreiundzwanzigste Oktober

4. 시간에 관한 표현

주요표현

A : Geht Ihre Uhr pünktlich?
게엣 이어레 우어 퓡크틀리히

B : Ja, meine Uhr geht genau.
야 마이네 우어 게엣 게나우

A : 당신 시계가 맞나요?

B : 네, 제 시계는 정확합니다.

제 시계는 매우 정확합니다.

Meine Uhr geht ganz genau.
마이네 우어 게엣 간쯔 게나우

저 시계는 10분 빠릅니다.

Die Uhr geht etwa 10 Minuten vor.
디 우어 게엣 이트봐 첸 미누텐 포어

그 시계는 5분 느립니다.

Die Uhr geht etwa 5 Minuten nach.
디 우어 게엣 에트봐 퓐프 미누텐 나흐

제 시계는 고장났습니다.

Meine Uhr ist kaputt.
마이네 우어 이스트 카풋

시계가 멈추었습니다.

Meine Uhr steht.
마이네 우어 슈테엣

배터리가 다 됐네요.

Die Uhrenbatterie ist leer.

디 우어렌바테리 이스트 레어

배터리를 교환해 주세요.

Wechseln Sie bitte die Uhrenbatterie!

벡셀른 지 비테 디 우어렌바테리

시계를 많이 가지고 계시는군요.

Sie haben so viele Uhren!

지 하벤 조 필레 우어렌

이 시계를 고쳐 주세요.

Ich möchte meine Uhr reparieren lassen.

이히 뫼히테 마이네 우어 레파리어렌 라쎈

수리하는 데 한 시간 정도 걸립니다.

Die Reparatur dauert etwa eine Stunde.

디 레파라투어 다우엇 에트봐 아이네 슈툰데

시계가 빨리 갈 때는 vorgehen, 늦게 갈 때는 nachgehen이라는 분리동사를 사용합니다. 그리고 시계를 고쳐달라고 말할 때는 '수리하다'라는 뜻을 가진 reparieren을 사용하지만 자신이 수리하는 것이 아니고 수리를 남에게 맡기는 것이므로 사역동사 lassen이 필요합니다.

5. 약속을 정할 때

주요표현

A : Wann kann ich Sie besuchen?
반 칸 이히 지 베주헨

B : Können Sie morgen zu mir kommen?
쾨넨 지 모르겐 쭈 미어 콤멘

A : 언제 만나 뵐까요?

B : 내일 오실 수 있으세요?

시간 약속을 하고 싶은데요.

Ich möchte einen Termin vereinbaren.
이히 뫼히테 아이넨 테어민 페어아인바렌

명 시로 했으면 좋겠어요?

Um wie viel Uhr ist es Ihnen recht?
움 뷔 필 우어 이스트 에스 이넨 레히트

오후에 댁을 방문해도 되겠습니까?

Kann ich Sie am Nachmittag besuchen?
칸 이히 지 암 나흐미탁 베주헨

오후에는 제가 집에 없습니다.

Heute Nachmittag bin ich nicht zu Hause.
호이테 나흐미탁 빈 이히 니히트 쭈 하우제

내일 오후 3시에 만날까요?

Wollen wir uns morgen um drei Uhr treffen?
볼렌 뷔어 운스 모르겐 움 드라이 우어 트레펜

그때는 다른 약속이 있습니다.

Da habe ich einen anderen Termin.
다 하베 이히 아이넨 안더렌 테어민

오늘 저녁에 만날까요?

Treffen wir uns heute Abend?
트레펜 뷔어 운스 호이테 아벤트

제가 모시러 가겠습니다.

Ich hole Sie ab.
이히 홀레 지 압

시간을 좀 미뤄도 될까요?

Darf ich den Termin etwas später verlegen?
다르프 이히 덴 테어민 에트봐스 슈페터 페어레겐

약속을 취소해야겠습니다.

Ich muss die Verabredung absagen.
이히 무스 디 페어압레둥 압자겐

'약속'을 독일어 단어로 표현한다면 Termin, Versprechen, Verabredung이 있습니다. 이 단어들 사이에는 약간의 차이가 존재하는데요, Termin은 시간 약속, 그러니까 특정 시간에 만나기로 한 약속이며, Versprechen은 '무엇을 하기로 한 약속', 즉 약속 상대에게 자신의 의지를 표명하는 약속입니다. Verabredung은 이들보다 더 상위의 개념을 가진 단어로서 Termin과 Versprechen을 모두 포함하는 일반적인 약속이 되겠습니다.

6. 날씨 표현 1

주요표현

A : Wie ist das Wetter heute?
뷔 이스트 다스 베터 호이테

B : Das Wetter heute ist sehr schön.
다스 베터 호이테 이스트 제어 쉔

A : 오늘은 날씨가 어떻죠?

B : 오늘은 날씨가 아주 좋습니다.

오늘 날씨가 어떻습니까?

Was haben wir heute für Wetter?
봐스 하벤 뷔어 호이테 퓨어 베터

오늘 날씨 좋습니다.

Heute haben wir schönes Wetter.
호이테 하벤 뷔어 쉐네스 베터

따뜻합니다.

Es ist warm.
에스 이스트 봠

날씨가 맑습니다.

Es ist sonnig.
에스 이스트 조니히

무덥고 습합니다.

Es ist schwül und feucht.
에스 이스트 슈뷜 운트 포이히트

춥습니다.

Es ist kalt.

에스 이스트 칼트

서늘합니다.

Es ist kühl.

에스 이스트 퀼

바람이 부네요.

Es ist windig.

에스 이스트 뷘디히

비가 옵니다.

Es regnet.

에스 레그넷

눈이 오네요.

Es schneit.

에스 슈나잇

'날씨가 좋다'를 표현할 때는 형용사 gut 대신 schön을 사용하는 경우가 많습니다. 또한 '비가 오다', '눈이 오다', '덥다', '춥다' 등 날씨와 관련된 여러 표현에는 대체로 문법적 주어인 es를 이용합니다. 날씨와 관련된 영어권 표현에서 문법적 주어인 it를 사용하는 경우와 같다고 할 수 있습니다.

7. 날씨 표현 2

주요표현

A : Nach dem Wetterbericht soll es morgen regnen.
나흐 뎀 베터베리히트 졸 에스 모르겐 레그넨

B : Wirklich? Vergessen Sie keinen Regenschirm.
비어클리히 페어게쎈 지 카이넨 레겐쉬엄

A : 일기예보에서 내일 비가 온다고 합니다.

B : 정말요? 우산을 잊지 마세요.

오늘 일기예보는 어떤가요?

Wie ist die Wettervorhersage für heute?
뷔 이스트 디 베터포어헤어자게 퓨어 호이테

비가 온다네요.

Es soll regnen.
에스 졸 레그넨

오후에는 날씨가 좋아질 거랍니다.

Am Nachmittag soll es besser werden.
암 나흐미탁 졸 에스 베써 베어덴

내일은 날씨가 어떨까요?

Wie wird das Wetter morgen?
뷔 뷔엇 다스 베터 모르겐

내일은 아마 좋을 겁니다.

Morgen wird es wohl schön werden.
모르겐 뷔엇 에스 볼 쉔 베어덴

비가 올 것 같아요.

Es sieht nach Regen aus.
에스 지잇 나흐 레겐 아우스

비가 그쳤어요.

Es hat aufgehört zu regnen.
에스 핫 아우프게회엇 쭈 레그넨

다음 주부터 장마라고 합니다.

Ab nächster Woche soll die Regenzeit beginnen.
압 넥스터 보헤 졸 디 리겐차잇 베긴넨

오늘 기온이 몇 도입니까?

Wie viel Grad haben wir heute?
뷔 필 그랏 하벤 뷔어 호이테

섭씨 27도입니다.

Es sind 27 Grad Celsius.
에스 진트 지벤운트쯔반찌히 그랏 첼지우스

일기예보에서처럼 '날씨가 어떠하다고 한다'라고 표현하려 할 경우에는 보통 화법조동사 sollen을 이용합니다. 화법조동사 sollen은 '~해야 한다'로 이해하여 보통은 '의무'를 나타내는 경우가 많으나 '~라고 하더라'처럼 '소문'을 나타내는 용법으로 사용되기도 합니다. 예를 들어 '날씨가 좋다고 한다'는 Es soll schön sein.으로 표현됩니다.

8. 자연재해

주요표현

A : Es regnet in Strömen!
에스 레그넷 인 슈트뢰멘

B : Stimmt, es gießt wie aus Kübeln.
슈팀트 에스 기스트 뷔 아우스 퀴벨른

A : 굉장한 비네요.

B : 그렇네요. 비가 억수같이 내리네요.

태풍이 상륙한다고 합니다.

Der Taifun soll kommen.
데어 타이푼 졸 콤멘

태풍으로 큰 피해를 입었습니다.

Der Taifun hat uns schwere Schäden angerichtet.
데어 타이푼 핫 운스 슈베어레 쉐덴 안게리히텟

바람이 무척 세게 붑니다.

Es weht zu stark.
에스 베엣 쭈 슈타르크

이 지역은 지진이 자주 발생합니다.

In der Region sind Erdbeben sehr häufig.
인 데어 레기온 진트 에어트베벤 제어 호이퓌히

해일의 위험은 없습니다.

Es gibt keine Tsunami-Gefahr mehr.
에스 깁트 카이네 쑤나미 게파 메어

작년에 큰 홍수가 났어요.

Letztes Jahr war eine große Überschwemmung.

렛츠테스 야 봐 아이네 그로쎄 위버슈벰뭉

눈사태가 일어났습니다.

Die Lawine wurde ausgelöst.

디 라비네 부어데 아우스겔뢰스트

밖에는 얼음이 얼 정도로 춥습니다.

Draußen ist es eiskalt!

드라우쎈 이스트 에스 아이스칼트

지금 밖에는 천둥 번개가 칩니다.

Draußen donnert und blitzt es.

드라우쎈 돈너트 운트 블릿츠트 에스

지독한 더위예요.

Es ist schrecklich heiss!

에스 이스트 슈렉클리히 하이쓰

'비가 억수같이 내리다.'는 독일어로 Es gießt wie aus Kübeln.이라고 하는데 여기서 Kübel은 '양동이'를 뜻합니다. 마치 양동이에서 물을 쏟아붓듯이 비가 내린다는 표현입니다.

관련단어

날씨

Wetter	베터	날씨
warm	봠	따뜻한
Sonne	존네	태양, 해
sonnig	조니히	맑은
schwül	슈뷜	무더운
feucht	포이히트	축축한, 습한
Wind	빈트	구름
windig	빈디히	구름 낀
Nebel	네벨	안개
nebelig	네벨리히	안개 낀
Wetterbericht	베터베리히트	일기예보
kalt	칼트	추운
kühl	퀼	서늘한
heiß	하이쓰	뜨거운
windig	뷘디히	바람 부는
Regen	레겐	비
regnen	레그넨	비가 오다
Schnee	슈네	눈
schneien	슈나이엔	눈이 오다
schön	쉔	좋은, 예쁜
Wettervorhersage	베터포어헤어자게	일기예보

숫자

• 기수

eins	아인스	1

zwei	쯔바이	2
drei	드라이	3
vier	피어	4
fünf	퓐프	5
sechs	젝스	6
sieben	지벤	7
acht	아흐트	8
neun	노인	9
zehn	첸	10
elf	엘프	11
zwölf	쯔뵐프	12
dreizehn	드라이첸	13
vierzehn	피어첸	14
fünfzehn	퓐프첸	15
sechzehn	제히첸	16
siebzehn	집첸	17
achtzehn	아흐첸	18
neunzehn	노인첸	19
zwanzig	쯔반찌히	20
dreißig	드라이찌히	30
vierzig	피어찌히	40
fünfzig	퓐프찌히	50
sechzig	제히찌히	60
siebzig	집찌히	70
achtzig	아흐찌히	80
neunzig	노인찌히	90
hundert	훈더트	100
tausend	타우젠트	1000

관련단어

Million	밀리온	100만

· 서수

erst	에어스트	첫 번째의
zweit	쯔바이트	두 번째의
dritt	드릿	세 번째의
viert	피어트	네 번째의
fünft	퓐프트	다섯 번째의
sechst	젝스트	여섯 번째의
siebt	집트	일곱 번째의
acht	아흐트	여덟 번째의
neunt	노인트	아홉 번째의
zehnt	첸트	열 번째의
letzt	렛츠트	마지막의

년, 월

Jahr	야	년, 해
letztes Jahr	렛츠테스 야	작년
dieses Jahr	디제스 야	금년
nächtes Jahr	네히테스 야	내년
Monat	모낫	월, 달
Januar	야누아	1월
Februar	페브루아	2월
März	메르츠	3월
April	아프릴	4월
Mai	마이	5월
Juni	유니	6월

Juli	율리	7월
August	아우구스트	8월
September	젭템버	9월
Oktober	옥토버	10월
November	노벰버	11월
Dezember	데쳄버	12월

날짜

Woche	보헤	주
letzte Woche	렛츠테 보헤	지난주
diese Woche	디제 보헤	이번 주
nächste Woche	넥스테 보헤	다음 주
Montag	몬탁	월요일
Dienstag	디엔스탁	화요일
Mittwoch	미트보흐	수요일
Donnerstag	돈너스탁	목요일
Freitag	프라이탁	금요일
Samstag	잠스탁	토요일
Sonntag	존탁	일요일
Tag	탁	날, 낮
heute	호이테	오늘
morgen	모르겐	내일
gestern	게스턴	어제
vorgestern	포어게스턴	그제
übermorgen	위버모르겐	내일모레

관련단어

시간

Zeit	짜잇	시간
Morgen	모르겐	아침
Vormittag	포어미탁	오전
Mittag	미탁	정오
Nachmittag	나흐미탁	오후
Abend	아벤트	저녁
Nacht	나흐트	밤
Mitternacht	미터나흐트	자정
Sekunde	제쿤데	초
Minute	미누테	분
Stunde	슈툰데	시간
Uhr	우어	시, 시각, 시계

3장

의견 · 감정 · 관심

1. 긍정의 표현
2. 맞장구 치기
3. 부정의 표현
4. 기쁠 때
5. 기분이 좋지 않을 때
6. 화나거나 놀랐을 때
7. 실망, 불만일 때
8. 위로할 때
9. 칭찬할 때
10. 사과할 때
11. 감사할 때
12. 허락, 허가의 표현
13. 거절할 때
14. 부탁할 때
15. 외모에 대한 표현
16. 성격에 대한 표현
17. 호감을 나타낼 때

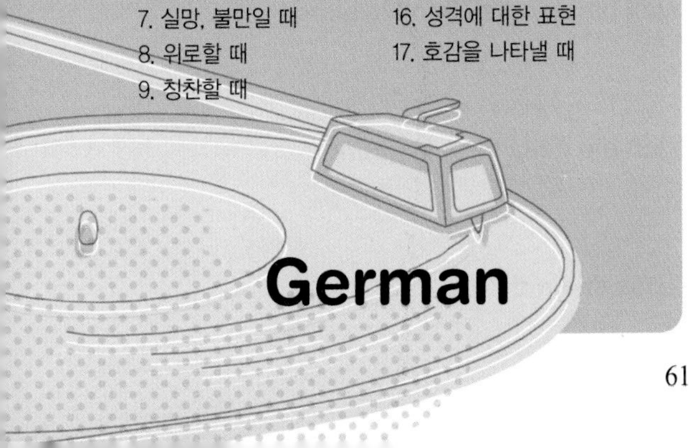

German

1. 긍정의 표현

주요표현

A : Wollen wir ins Konzert gehen?
볼렌 뷔어 인스 콘체르트 게엔

B : Das finde ich gut.
다스 핀데 이히 굿

A : 우리 콘서트 보러 갈래요?

B : 그거 좋은 생각입니다.

좋은 생각입니다.

Gute Idee!
구테 이데

동의합니다.

Ich stimme mit Ihnen überein.
이히 슈팀메 밋 이넨 위버라인

같은 생각입니다.

Ich bin der gleichen Meinung.
이히 빈 데어 글라이헨 마이눙

당신 의견과 전적으로 같습니다.

Ich bin ganz Ihrer Meinung.
이히 빈 간쯔 이어러 마이눙

맞습니다.

Das stimmt!
다스 슈팀트

당신 말씀이 맞습니다.

Sie haben recht.
지 하벤 레히츠

동감입니다.

Ich bin derselben Meinung.
이히 빈 데어젤벤 마이눙

저는 찬성입니다.

Ich bin dafür.
이히 빈 다퓨어

공감합니다.

Damit bin ich einverstanden.
다밋 빈 이히 아인페어슈탄덴

당신의 의견에 전적으로 동의합니다.

Da stimme ich Ihnen voll und ganz zu.
다 슈팀메 이히 이넨 폴 운트 간쯔 쭈

상대방의 의견이 좋다고 느껴질 때는 '그거 좋은 생각이다.'라고 해야 하는데, 독일어에서는 Das finde ich gut.과 Das ist eine gute Idee.가 이에 해당되는 표현입니다. 상대의 의견과 자신의 생각이 비슷하거나 같을 때에는 Ich bin Ihrer Meinung.이라는 표현을 사용합니다. 이 밖에 zustimmen(~에 동의하다), übereinstimmen(~와 생각을 일치시키다), einverstanden sein(~에 동의하다) 등이 상대방과 의견이 같음을 나타내는 동사입니다.

2. 맞장구 치기

주요표현

A : Ich finde den Film interessant.
이히 핀데 덴 필름 인터레싼트

B : Das finde ich auch.
다스 핀데 이히 아우흐

A : 그 영화 재미있을 것 같아.

B : 내 생각도 그래.

물론이지요.

Natürlich!

나튀얼리히

알겠습니다.

Einverstanden!

아인페어슈탄덴

나도 그렇게 생각해요.

Das glaube ich auch.

다스 글라우베 이히 아우흐

바로 그거에요.

Ganz genau!

간쯔 게나우

좋습니다.

Das ist gut.

다스 이스트 굿

전적으로 맞는 말씀이에요.

Völlig richtig!

퓔리히 리히티히

확신해요.

Ich bin davon überzeugt.

이히 빈 다폰 위버초익트

예, 동의합니다.

Ja, abgemacht.

야 압게마흐트

진짜예요?

Wirklich?

뷔어클리히

저도 그렇게 생각해요.

Ich denke auch so.

이히 뎅케 아우흐 조

동사 finden은 '발견하다', '찾다'는 뜻으로 사용되지만 '생각하다'라는 뜻으로도 쓰입니다. 예를 들면 Ich finde das gut.이라는 문장은 '나는 그것을 좋다고 생각한다'라는 표현입니다. '생각하다'라는 뜻으로 사용되는 독일어 동사는 finden 말고도 denken, glauben, meinen 등이 있습니다.

주요표현

A : Wollen wir morgen ins Theater gehen?
볼렌 뷔어 모르겐 인스 테아터 게엔

B : Nein, das geht leider nicht.
나인 다스 게엣 라이더 니히트

A : 우리 내일 연극 보러 갈래요?

B : 아니요, 유감이지만 안 되겠습니다.

그럴 수 없습니다.

Das kann ich nicht machen.
다스 칸 이히 니히트 마헨

안 됩니다.

Das geht nicht.
다스 게엣 니히트

그것은 좋지 않다고 생각합니다.

Das finde ich nicht so gut.
다스 핀데 이히 니히트 조 굿

그건 좋은 생각이 아닙니다.

Das ist keine gute Idee.
다스 이스트 카이네 구테 이데

저는 의견이 다릅니다.

Ich bin anderer Meinung.
이히 빈 안더러 마이눙

그 말에 동의하지 않습니다.

Damit bin ich nicht einverstanden.
다밋 빈 이히 니히트 아인페어슈탄덴

저는 반대입니다.

Ich bin dagegen.
이히 빈 다게겐

당신 의견에 동의할 수가 없습니다.

Ich kann Ihnen da nicht zustimmen.
이히 칸 이넨 다 니히트 쭈슈팀멘

그 말은 전혀 맞지 않습니다.

Das stimmt doch gar nicht.
다스 슈팀 도흐 가 니히트

제 견해는 완전히 다릅니다.

Das sehe ich völlig anders.
다스 제에 이히 푈리히 안더스

상대방이 무엇인가를 제안할 때 거절이나 반대의사를 표하는 경우에는 Das geht nicht.를 많이 사용하는데요, 여기서 gehen은 '가다'가 아니라 '되어 가다'라는 의미로 받아들여야 합니다. gehen 동사를 nicht와 같이 쓰면 '되어 가지를 않는 것'이니 결국 '안 되겠다'는 거절의사의 표현이 됩니다. 그리고 상대방과 의견이 다를 때는 Ich bin anderer Meinung.이라고 합니다. '저는 의견이 다릅니다.'라는 뜻이 됩니다.

4. 기쁠 때

주요표현

A : Ich habe die Prüfung bestanden.
이히 하베 디 프뤼풍 베슈탄덴

B : Gratuliere!
그라툴리어레

A : 저 시험에 붙었어요.

B : 해낸 걸 축하해!

저는 오늘 매우 기쁩니다.

Ich habe mich heute sehr gefreut.

이히 하베 미히 호이테 제어 게프로이트

축하합니다.

Ich gratuliere Ihnen.

이히 그라툴리어레 이넨

정말 대단해요!

Unglaublich!

운글라웁리히

감동했습니다.

Ich bin beeindruckt.

이히 빈 베아인드룩트

이것은 정말 좋은 소식입니다.

Das ist eine gute Nachricht!

다스 이스트 아이네 구테 나흐리히트

정말 기뻐요.

Ich bin sehr glücklich!

이히 빈 제어 글뤽클리히

이렇게 기쁠 수가 없어요.

Ich könnte nicht glücklicher sein!

이히 쾬테 니히트 글뤽클리혀 자인

그거 다행이네요.

Gott sei Dank!

곳 자이 당크

만족스럽네요.

Ich bin damit zufrieden.

이히 빈 다밋 쭈프리덴

운이 좋았어요.

Ich hatte einen Glückstag.

이히 하테 아이넨 글뤽스탁

'행운'이나 '행복'은 중성명사 Glück이며 형용사형은 glücklich입니다. Ich hatte einen Glückstag.은 직역하면 '나는 행운의 날을 가졌다.' 즉 '운이 좋았다'는 뜻으로 사용됩니다. 운이 나쁠 경우에는 흔히 Heute ist nicht mein Tag.이라고 하는데, '오늘은 나의 날이 아니다.' 즉 '오늘은 운이 나빴다.'는 뜻이 되는 것입니다.

5. 기분이 좋지 않을 때

주요표현

A : Mein Großvater ist gestern gestorben.
마인 그로스파터 이스트 게스턴 게슈토르벤

B : Das ist sehr schade!
다스 이스트 제어 샤데

A : 어젯밤에 할아버지가 돌아가셨어요.
B : 유감이네요.

너무 슬퍼요.

Ich bin so traurig!
이히 빈 조 트라우리히

우울해요.

Ich bin depremiert!
이히 빈 데프레미어트

희망이 안 보여요.

Ich habe keinen Ausweg.
이히 하베 카이넨 아우스벡

그만둬!

Hör auf!
회어 아우프

아무도 나를 이해 못해.

Niemand versteht mich.
니만트 페어슈테엣 미히

이미 지난 일이야. (이미 엎질러진 물이야.)

Das ist schon vorbei!

다스 이스트 숀 포어바이

쓸쓸한 마음입니다.

Ich fühle mich einsam.

이히 퓔레 미히 아인잠

울고 싶어.

Ich möchte weinen.

이히 뫼히테 봐이넨

눈물이 안 멈춰.

Ich kann meine Tränen nicht zurückhalten.

이히 칸 마이네 트레넨 니히트 쭈뤽할텐

제 마음이 답답합니다.

Ich fühle mich bedrückt.

이히 퓔레 미히 베드뤽트

fühlen sich는 재귀동사로서 '~를 느끼다'는 뜻입니다. 이때의 sich는 재귀대명사로 주어에 따라 형태가 바뀌기도 합니다. 예를 들어 주어가 ich라면 sich는 mich가 되고, 주어가 du라면 dich로 사용됩니다. 재귀대명사를 반드시 수반하는 동사를 재귀동사라 하며 sich setzen(앉다), sich freuen(기뻐하다)처럼 자주 사용되는 재귀동사는 활용법을 익혀두어야 합니다.

주요표현

A : Ich bin gefeuert!
이히 빈 게포이어트

B : Wirklich?
뷔어클리히

A : 저 직장에서 해고됐어요.
B : 정말이에요?

아, 놀랐어!

Ach, ich bin überrascht.
아흐 이히 빈 위버라쉬트

깜짝 놀랐잖아요.

Ich bin erschrocken!
이히 빈 에어슈록켄

농담하시는 건가요?

Machen Sie Witze?
마헨 지 뷧체

정말 믿을 수가 없네요.

Das kann ich nicht glauben.
다스 칸 이히 니히트 글라우벤

나 정말 화났어.

Ich bin so sauer.
이히 빈 조 자우어

신경질 나.

Ich ärgere mich.

이히 에어거레 미히

나 좀 혼자 내버려 둬.

Lass mich doch in Ruhe!

라스 미히 도흐 인 루에

너 실망이야.

Ich bin enttäuscht von dir.

이히 빈 엔토이슈트 폰 디어

난 너한테 몹시 화가 나.

Ich bin so böse auf dich.

이히 빈 조 뵈제 아우프 디히

더 이상 참을 수 없어.

Ich kann es nicht mehr ertragen.

이히 칸 에스 니히트 메어 에어트라겐

화가 났을 때는 형용사 sauer를 자주 쓰는데 '나 화났어.'라고 표현하려면 Ich bin sauer.라고 말하면 됩니다. sauer는 본래 '신맛'을 표현하는 형용사입니다. 화가 나거나 분노한 상태를 뜻하는 형용사는 sauer 말고도 wütend, aufgeregt, ärgerlich, verärgert 등이 있습니다.

주요표현

A : Oh, meine Güte!
오 마이네 귀테

B : Was ist denn los?
봐스 이스트 덴 로스

A : 아, 맙소사.

B : 무슨 일이야?

말도 안돼!

Nie im Leben!

니 임 레벤

이거 정말 귀찮네요.

Das ist aber lästig.

다스 이스트 아버 레스티히

참 실망스럽네요!

Wie enttäuschend!

뷔 엔토이쉔트

어떡하지?

Was soll ich jetzt machen?

봐스 졸 이히 엣츠트 마헨

이젠 너무 늦었어.

Es ist nun zu spät!

이스 이스트 눈 쭈 슈펫

난 후회하지 않아.

Ich bereue gar nichts!

이히 베로이에 가 니히트

이제 지겨워.

Es kotzt mich an.

에스 코츠트 미히 안

그거 정말 실망스러운 일인데요.

Das ist sehr enttäuschend!

다스 이스트 제어 엔토이쉔트

나를 괴롭히지 마.

Quäl mich doch nicht mehr!

크벨 미히 도흐 니히트 메어

진정하세요.

Bitte beruhigen Sie sich!

비테 베루이겐 지 지히

meine Güte 혹은 mein Gott은 갑자기 놀랄 일이나 실망스런 일이 생길 때 쓰는 표현입니다. 영어로 Oh my god!과 유사하다고 할 수 있으며, 우리말로 '저런!', '맙소사!', '이걸 어째!'처럼 안타깝거나 놀란 심정을 담아낸 표현이라고 볼 수 있겠습니다.

주요표현

A : Ach, ich bin so traurig!
아흐 이히 빈 조 트라우리히

B : Kopf hoch! Das wird besser werden.
코프 호흐 다스 뷔엇 베써 베어덴

A : 아, 저는 너무 슬퍼요!

B : 힘내세요! 좋아질 거예요.

저는 우울해요.

Ich bin depremiert!
이히 빈 데프레미어트

자, 힘내! 너는 할 수 있어.

Komm schon, du kannst es schaffen!
콤 숀 두 칸스트 에스 샤펜

기운 내!

Sieh es positiv!
지 에스 포지티프

용기를 내!

Fass Mut!
파쓰 뭇

너무 우울해하지 마라.

Lass dich nicht so hängen!
라쓰 디히 니히트 조 헹엔

성공을 빈다.

Ich drücke dir die Daumen!

이히 드뤼케 디어 디 다우멘

포기하면 안 돼.

Gib nicht auf!

깁 니히트 아우프

몸조리 잘해라.

Pass auf dich auf!

파쓰 아우프 디히 아우프

파이팅!

Weiter so!

봐이터 조

몸조심하세요.

Schonen Sie sich!

쇼넨 지 지히

낙담한 상대방에게 힘을 내라는 표현은 Kopf hoch!가 많이 쓰입니다. 직역하면 '머리를 높이(들어라)!'로서 '고개를 숙이지 말고 당당하게 들어라!'는 말입니다. 또한 상대방이 중요한 시험이나 경기를 치를 때 응원의 말로 쓰이는 관용적 표현은 Ich drücke dir die Daumen!입니다. 상대에게 힘을 주는 이러한 표현들을 실전에서도 잘 활용할 수 있도록 합시다.

9. 칭찬할 때

주요표현

A : Sie kochen sehr gut!
지 코헨 제어 굿

B : Danke sehr, ich fühle mich geschmeichelt.
당케 제어 이히 퓔레 미히 게슈마이헬트

A : 요리를 잘하시는군요!

B : 고마워요, 과찬의 말씀이세요.

대단하네요!

Großartig!
그로스아티히

훌륭하네요!

Wundervoll!
분더폴

당신이 최고입니다.

Sie sind der Beste!
지 진트 데어 베스테

당신은 정말 친절하시네요.

Das ist sehr nett von Ihnen.
다스 이스트 제어 넷 폰 이넨

잘했습니다.

Gut gemacht!
굿 게마흐트

나는 당신이 매우 자랑스럽습니다.

Ich bin sehr stolz auf Sie.

이히 빈 제어 슈톨츠 아우프 지

나이에 비해 젊어 보이시네요.

Sie sehen jünger aus, als Sie sind.

지 제엔 윙어 아우스 알스 지 진트

이 색이 정말 잘 어울리시네요.

Diese Farbe steht Ihnen ausgezeichnet.

디제 파르베 슈테엣 이넨 아우스게짜이히넷

너 오늘 너무 아름답다.

Du siehst heute wunderschön aus.

두 지스트 호이테 분더쉔 아우스

난 널 믿어.

Ich vertraue dir.

이히 페어트라우에 디어

'서다', '서 있다'라는 뜻을 가진 stehen은 '어울리다'라는 뜻으로도 사용됩니다. Diese Farbe steht Ihnen ausgezeichnet.(이 색이 정말 잘 어울리시네요.)라는 표현을 잘 익혀두어 어떤 색깔이 상대방에게 잘 어울린다고 판단할 때 사용하도록 합시다.

10. 사과할 때

주요표현

A : Herr Kim, was ist denn los?
헤어 킴 봐스 이스트 덴 로스

B : Tut mir leid, ich war krank.
툿 미어 라잇 이히 봐 크랑크

A : 김 씨, 어떻게 된 거예요?

B : 죄송합니다. 아팠거든요.

늦어서 죄송합니다.

Entschuldigen Sie bitte meine Verspätung.
엔트슐디겐 지 비테 마이네 페어슈페퉁

정말 죄송합니다.

Es tut mir sehr leid.
에스 투트 미어 제어 라잇

고의가 아니었습니다.

Das war keine Absicht.
다스 봐 카이네 압지히트

그건 제 잘못입니다.

Das ist meine Schuld.
다스 이스트 마이네 슐트

그건 제 실수입니다.

Das ist mein Fehler.
다스 이스트 마인 펠러

제 책임입니다.

Daran bin ich schuld.

다란 빈 이히 슐트

제가 부주의했습니다.

Es war unaufmerksam von mir.

에스 봐 운아우프메르크잠 폰 미어

정말 유감입니다.

Das ist aber schade.

다스 이스트 아버 샤데

있을 수 있는 일이니 괜찮아요.

Das kann ja mal passieren.

다스 칸 야 말 파씨어렌

그건 중요한 일이 아니에요.

Das spielt keine Rolle.

다스 슈필트 카이네 롤레

상대에게 미안한 감정을 표현하고자 할 때에는 Entschuldigen Sie, Entschuldigung, 혹은 Es tut mir leid.을 사용합니다. 자기의 책임을 인정할 경우에는 Das ist mein Fehler.(나의 실수다.) / Das ist meine Schuld.(내 잘못이다.)라고 말할 수도 있습니다.

11. 감사할 때

주요표현

A : Danke schön!
당케 쉔

B : Bitte schön!
비테 쉔

A : 감사합니다.

B : 천만에요.

고맙습니다.

Danke sehr!
당케 제어

매우 감사드립니다.

Vielen Dank!
필렌 당크

감사드립니다.

Ich bedanke mich.
이히 베당케 미히

도와주셔서 감사합니다.

Ich danke Ihnen für Ihre Hilfe.
이히 당케 이넨 퓨어 이어레 힐페

초대해 주셔서 감사드립니다.

Danke sehr für die Einladung.
당케 제어 퓨어 디 아인라둥

선물에 감사드립니다.

Danke für das Geschenk.

당케 퓨어 다스 게쉥크

천만에요.

Bitte sehr!

비테 제어

괜찮습니다.

Nichts zu danken!

니히트 쭈 당켄

천만에요.

Keine Ursache!

카이네 우어자헤

좋아서 한 일인데요.

Gern geschehen!

게언 게쉐엔

누군가가 '고맙다'는 표현을 할 경우에는 답변으로 Bitte schön. / Bitte sehr. / Nichts zu danken. 등 여러 가지 표현들이 있습니다. 한국말로 하자면 '별 말씀을 다 하십니다.' 정도인데 이러한 표현 말고도 Keine Ursache.나 Gern geschehen.도 있으니 잘 익혀두어야 합니다.

12. 허락, 허가의 표현

주요표현

A : Darf ich hier parken?
다르프 이히 히어 파켄

B : Nein, hier darf man nicht parken.
나인 히어 다르프 만 니히트 파켄

A : 여기에 주차해도 됩니까?

B : 아니요, 여기에 주차하면 안 됩니다.

죄송하지만 안 됩니다.

Tut mir leid, Sie dürfen nicht!
툿 미어 라잇 지 뒤어펜 니히트

허용할 수가 없습니다.

Das ist nicht zu erlauben.
다스 이스트 니히트 쭈 에어라우벤

그건 안 됩니다.

Das geht nicht.
다스 게엣 니히트

할 수가 없습니다.

Das kann man nicht.
나스 칸 만 니히트

여기서는 흡연 금지입니다.

Rauchen ist hier verboten!
라우헨 이스트 히어 페어보텐

여기서는 담배 피우면 안 됩니다.

Hier darf man nicht rauchen!
히어 다르프 만 니히트 라우헨

큰 소리로 말하지 마세요.

Sprechen Sie bitte nicht so laut!
슈프레헨 지 비테 니히트 조 라웃

다른 사람에게 말하지 마세요.

Sagen Sie es niemandem!
자겐 지 에스 니만뎀

싸우지 마세요.

Keinen Streit, bitte!
카이넨 슈트라잇 비테

그만하세요.

Hören Sie damit auf!
회렌 지 다밋 아우프

금지를 나타내는 표현은 일반적으로 '허락'을 나타내는 화법조동사 dürfen과 nicht가 결합된 문장을 이용합니다. 허락되어 있지 않으니 금지를 나타내는 것과 마찬가지입니다. 이 경우 '~하면 안 된다'로 해석할 때가 많습니다. 또한 nicht가 포함된 명령형 문장도 금지를 나타내는 표현으로 사용됩니다.

주요표현

A : Darf ich hier fotografieren?
다르프 이히 히어 포토그라피어렌

B : Nein, es ist verboten.
나인 에스 이스트 페어보텐

A : 여기서 사진 찍어도 됩니까?

B : 아니요, 금지되어 있습니다.

제가 지금은 너무 바빠요.

Ich bin momentan sehr beschäftigt.
이히 빈 모멘탄 제어 베쉐프티히트

죄송하지만 이미 약속이 있어서요.

Ich habe leider schon eine Verabredung.
이히 하베 라이더 숀 아이네 페어압레둥

유감스럽지만 갈 수 없습니다.

Leider kann ich nicht kommen.
라이더 칸 이히 니히트 콤멘

나도 그러고 싶은데 다른 계획이 있어.

Das würde ich gern machen, aber ich habe etwas vor.
다스 뷔어데 이히 게언 마헨 아버 이히 하베 이트봐스 포어

미안. 다음에.

Tut mir leid. Vielleicht ein anderes Mal.
툿 미어 라잇 필라이히트 아인 안더레스 말

유감이지만 어려울 것 같습니다.

Das geht leider nicht.

다스 게엣 라이더 니히트

선약이 있어서요.

Ich habe einen anderen Termin.

이히 하베 아이넨 안더렌 테어민

생각할 시간이 필요해요.

Ich brauche Zeit zum Nachdenken.

이히 브라우헤 차잇 쭘 나흐뎅켄

내일 답을 드리겠습니다.

Ich gebe Ihnen morgen Bescheid.

이히 게베 이넨 모르겐 베샤이트

안 되겠는데요.

Lieber nicht!

리버 니히트

'약속'을 뜻하는 독일어 단어는 여러 가지가 있는데, 시간을 정해 놓고 만나야 하는 시간 약속은 Termin, 무엇인가를 해주기로 한 약속이나 다짐은 Versprechen, 폭넓은 의미의 일반적 약속은 Verabredung이라고 합니다. 같은 '약속'이라 해도 상황에 맞는 단어를 사용하도록 합시다.

주요표현

A : Könnten Sie mir einen Gefallen tun?
퀸텐 지 미어 아이넨 게팔렌 툰

B : Ja, bitte.
야 비테

A : 부탁 하나 들어주실 수 있나요?

B : 예, 그러세요.

당신에게 부탁이 있습니다.

Ich habe eine Bitte an Sie.
이히 하베 아이네 비테 안 지

제가 당신에게 도움을 청합니다.

Ich bitte Sie um Ihre Hilfe.
이히 비테 지 움 이어레 힐페

제가 내일 당신의 차를 쓸 수 있을까요?

Kann ich morgen Ihren Wagen benutzen?
칸 이히 모르겐 이어렌 봐겐 베눗쩬

주소 좀 가르쳐주시겠어요?

Darf ich Sie um Ihre Adresse bitten?
다르프 이히 지 움 이어레 아드레쎄 비텐

저 좀 태워주실 수 있나요?

Könnten Sie mich bitte mitnehmen?
퀸텐 지 미히 비테 밋네멘

내일 제게 와주시겠습니까?

Würden Sie morgen zu mir kommen?

뷔르덴 지 모르겐 쭈 미어 콤멘

오늘 저녁에 전화 좀 해주시겠어요?

Würden Sie mich heute Abend anrufen?

뷔르덴 지 미히 호이테 아벤트 안루펜

뭐 좀 물어봐도 돼요?

Darf ich etwas fragen?

다르프 이히 에트봐스 프라겐

혹시 당신 자전거 좀 빌릴 수 있나요?

Kann ich vielleicht Ihr Fahrrad ausleihen?

칸 이히 필라이히트 이어 파랏 아우슬라이엔

물론이지요.

Selbstverständlich!

젤프스트페어슈텐틀리히

처음에 무엇인가를 요청하거나 부탁하는 사람의 입장에서 '~해주실 수 있어요?', '제가 ~할 수 있을까요?', '~해도 됩니까?'라고 표현하고자 할 경우에는 화법조동사 können과 dürfen을 주로 이용하게 됩니다. 또한 좀 더 예의를 차리기 위해서 접속법 2식 형태인 könnten을 사용하기도 합니다.

Könnte ich mir mal ansehen? 구경해도 될까요?

Könnten Sie mir sagen, wo Sie wohnen?

어디서 살고 계신지 말씀해 주실 수 있으세요?

15. 외모에 대한 표현

주요표현

A : Wie groß sind Sie?
뷔 그로스 진트 지

B : Ich bin einen Meter achtzig groß.
이히 빈 아이넨 메터 아흐찌히 그로스

A : 키가 얼마나 돼요?

B : 1미터 80입니다.

당신은 매우 예쁩니다.

Sie sind wunderschön.
지 진트 분더쉔

당신은 매우 잘생기셨네요.

Sie sind gut aussehend.
지 진트 굿 아우스제엔트

아주 건강해 보이시네요.

Sie sehen ganz fit aus.
지 제엔 간쯔 핏 아우스

나이에 비해 젊어보이세요.

Für Ihr Alter sind Sie ganz jung.
퓌어 이어 알터 진트 지 간쯔 융

당신은 체중이 어떻게 되나요?

Wie viel wiegen Sie?
뷔 필 뷔겐 지

저는 60Kg입니다.

Ich wiege 60 Kilogramm.

이히 뷔게 제히찌히 킬로그람

너는 전혀 뚱뚱하지 않아.

Du bist ganz und gar nicht dick.

두 비스트 간쯔 운트 가 니히트 딕

넌 키가 어떻게 되니?

Wie groß bist du?

뷔 그로스 비스트 두

저는 165센티미터입니다.

Ich bin einen Meter fünfundsechzig groß.

이히 빈 아이넨 메터 퓐프운트제히찌히 그로스

그는 체격이 좋습니다.

Er hat einen guten Körperbau.

에어 핫 아이넨 구텐 쾨르퍼바우

'잘생겼다'는 말은 주로 남자에게 하는 말인데요, 이때 gut aussehend(잘생긴)라는 형용사를 사용하기도 하지만 분리동사 aussehen으로 표현하기도 합니다. 상대방에게 '잘생겼다'고 말하고 싶을 때는 Sie sehen gut aus.라고 하면 됩니다.

16. 성격에 대한 표현

주요표현

A : Wie ist der Charakter von Anna?
뷔 이스트 데어 카락터 폰 안나

B : Sie ist sehr freundlich.
지 이스트 제어 프로인틀리히

A : 안나는 어떤 사람입니까?

B : 굉장히 친절한 사람입니다.

그의 성격은 어떻습니까?

Wie ist sein Charakter?
뷔 이스트 자인 카락터

마음이 따뜻한 사람이에요.

Er ist ein warmherziger Mensch.
에어 이스트 아인 봐암헤어찌거 멘쉬

그는 완벽주의자입니다.

Er ist Perfektionist.
에어 이스트 페어펙치오니스트

그는 정말 차가운 사람이야.

Er ist so kaltherzig.
에어 이스트 조 칼트헤어찌히

그는 저랑 잘 맞아요.

Ich verstehe mich gut mit ihm.
이히 페어슈테에 미히 굿 밋 임

그녀는 약간 소심한 편이에요.

Sie ist etwas zurückhaltend.

지 이스트 에트봐스 쭈뤽할텐트

그녀는 수줍음을 많이 타요.

Sie ist sehr schüchtern.

지 이스트 제어 쉬히턴

그녀는 유머감각이 좋아.

Sie hat einen guten Sinn für Humor.

지 핫 아이넨 구텐 진 퓨어 후모어

저는 사교적이에요.

Ich bin umgänglich.

이히 빈 움겡리히

우리는 성격 차이가 큽니다.

Wir sind ganz unterschiedlich.

뷔어 진트 간즈 운터쉬들리히

'친절한'이란 의미를 갖는 freundlich는 명사 Freund(친구)에 -lich라는 형용사형 접미사가 붙어 만들어진 단어입니다. 이렇게 형용사를 만들 수 있는 형용사형 접미사는 -lich 외에도 -ig, -isch, -sam 등이 있습니다.

17. 호감을 나타낼 때

주요표현

A : Haben Sie vielleicht heute Abend Zeit?
하벤 지 필라이히트 호이테 아벤트 차잇

B : Nein, leider habe ich keine Zeit.
나인 라이더 하베 이히 카이네 차잇

A : 혹시 오늘 밤에 시간 있으세요?

B : 아니요, 유감이지만 시간이 없네요.

오늘 저녁에 시간 있으세요?

Haben Sie heute Abend Zeit?
하벤 지 호이테 아벤트 차잇

오늘 무슨 계획 있나요?

Haben Sie heute etwas vor?
하벤 지 호이테 에트봐스 포어

저랑 저녁 식사 하시겠어요?

Wollen Sie mit mir zu Abend essen?
볼렌 지 밋 미어 쭈 아벤트 에쎈

오늘 밤엔 선약이 있습니다.

Heute Abend habe ich eine andere Verabredung.
호이테 아벤트 하베 이히 아이네 안더레 페어압레둥

내일 약속 있으세요?

Haben Sie morgen eine Verabredung?
하벤 지 모르겐 아이네 페어압레둥

무엇을 원하는지 말씀해 주세요.

Bitte erzählen Sie mir, was Sie wollen.
비테 에어쩰렌 지 미어 봐스 지 볼렌

당신과 사귀고 싶습니다.

Ich möchte Sie gerne kennenlernen.
이히 뫼히테 지 게어네 켄넨레어넨

당신과 데이트하고 싶습니다.

Ich möchte mich mit Ihnen verabreden.
이히 뫼히테 미히 밋 이넨 페어압레덴

오늘 아주 즐거웠습니다.

Das war ein schöner Tag mit Ihnen.
다스 봐 아인 쉐너 탁 밋 이넨

집에 바래다드려도 될까요?

Darf ich Sie nach Hause begleiten?
다프 이히 지 나흐 하우제 베글라이텐

시간을 뜻하는 독일어 단어는 크게 세 가지입니다. Zeit, Uhr, Stunde가 그것인데 먼저 Zeit은 '일반적인 시간'을 나타냅니다. '시간이 있습니까?'라고 물을 때 Haben Sie Zeit?이라고 표현합니다. 두 번째로 Uhr는 '구체적인 시간'을 뜻합니다. 예를 들어 um 9 Uhr라고 하면 '9시에'라는 말입니다. 마지막으로 Stunde는 '시간의 길이'를 뜻합니다. '한 시간'은 eine Stunde, '두 시간'은 zwei Stunden이라고 합니다.

관련단어

감정 표현

Gefühl	게퓔	감정, 감각, 느낌
Emotion	에모치온	감정, 감동
lieb	립	사랑스러운
glücklich	글뤽클리히	행복한
froh	프로	기쁜
fröhlich	프뢸리히	유쾌한, 즐거운
einverstanden	아인페어슈탄덴	공감하는, 동의하는
traurig	트라우리히	슬픈
depremiert	데프레미어트	우울한, 낙담한
großartig	그로스아티쉬	놀라운, 굉장한
Mut	뭇	용기
schön	쉔	예쁜
aufregend	아우프레겐트	긴장된, 자극적인
sauer	자우어	화가 난, (맛이) 신
böse	뵈제	나쁜, 성난
verrückt	페어뤽트	미친
blöd	블룃	어리석은, 저능한, 미친
wahnsinnig	봔지니히	미친, 정신나간, 광기의
schrecklich	슈렉클리히	끔찍한
erschrocken	에어슈로켄	놀란(erschrecken의 과거분사)
nervös	뇌르뵈스	신경질적인, 신경이 쓰이는
unruhig	운루이히	불안한
betrübt	베트륍트	슬퍼하는
enttäuscht	엔토이쉬트	실망스런

angespannt	안게슈판트	긴장된, 설레이는
ernst	에언스트	진지한, 심각한
fantastisch	퐌타스티쉬	환상적인
wunderbar	분더바	멋진, 훌륭한
unglaublich	운글라웁리히	믿을 수 없는
gut	굿	좋은
unglücklich	운글뤽리히	불행한
weinen	바이넨	울다
lachen	라헨	웃다
furchtbar	푸어흐트바	공포스러운
eklig	에클리히	역겨운
elend	엘렌트	비참한
verzweifelt	페어쯔바이펠트	절망적인
zufrieden	쭈프리덴	만족스러운
traurig	트라우리히	슬픈, 비통한
unangenehm	운안게넴	불쾌한
einsam	아인잠	고독한
verliebt	페어립트	사랑에 빠진

외모

Aussehen	아우스제엔	외모
schön	쉔	아름다운
gut aussehend	굿 아우스제엔트	잘생긴
groß	그로스	(키) 큰
klein	클라인	(키) 작은
toll	톨	멋진
hübsch	휩쉬	귀여운

관련단어

attraktiv	아트락티프	매력적인
sympathisch	쥠파티쉬	호감 가는
hässlich	헤쓸리히	못생긴
dick	딕	뚱뚱한
dünn	뒨	마른
schlank	슐랑크	날씬한, 야윈
blond	블론트	금발의
braun	브라운	밤색의
grau	그라우	회색의
blass	블라스	창백한

4장 일상생활

1. 학교 생활
2. 회사 생활
3. 주거
4. 휴가 계획
5. 취미 생활
6. 스포츠
7. 병원에서
8. 약국에서
9. 우체국에서
10. 미용실에서
11. 세탁소에서
12. 서점에서
13. 은행에서
14. 극장에서

주요표현

A : Wie kommst du zur Schule?
뷔 콤스트 두 쭈어 슐레

B : Ich fahre mit dem Bus zur Schule.
이히 파레 밋 뎀 부스 쭈어 슐레

A : 학교는 어떻게 가는 거니?

B : 버스를 타고 학교에 갑니다.

저는 스쿨버스로 학교에 갑니다.

Ich fahre mit dem Schulbus zur Schule.
이히 파레 밋 뎀 슐부스 쭈어 슐레

저는 걸어서 학교에 갑니다.

Ich gehe zu Fuß zur Schule.
이히 게에 쭈 푸스 쭈어 슐레

친구들과 함께 갑니다.

Ich gehe mit meinen Freunden zur Schule.
이히 게에 밋 마이넨 프로인덴 쭈어 슐레

저는 자전거를 타고 학교에 갑니다.

Ich fahre mit dem Fahrrad zur Schule.
이히 파레 밋 뎀 파랏 쭈어 슐레

엄마가 차로 태워주십니다.

Meine Mutter fährt mich bis zur Schule.
마이네 무터 페엇 미히 비스 쭈어 슐레

어느 학교에 다니니?

Welche Schule besuchst du?

벨헤 슐레 베주흐스트 두

뒤셀도르프에 있는 레씽 김나지움에 다닙니다.

Ich besuche das Lessing Gymnasium in Düsseldorf.

이히 베주헤 다스 레씽 김나지움 인 뒤셀도어프

몇 학년이니?

In welcher Klasse bist du?

인 벨혀 클라쎄 비스트 두

학교가 너희 집에서 머니?

Ist die Schule weit von deiner Wohnung?

이스트 디 슐레 바옛 폰 다이너 보눙

여기서 가깝습니다.

Die Schule ist in der Nähe von hier.

디 슐레 이스트 인 데어 네에 폰 히어

독일의 Gymnasium은 인문계 중고등학교로서 초등학교(Grundschule) 4년 과정을 마친 후 들어갈 수 있는 학교입니다. Gymnasium의 8년 과정을 마치면 졸업시험인 Abitur를 통해 대학에 입학할 수 있습니다.

주요표현

A : Wann sind Sie in die Firma eingetreten?
반 진트 지 인 디 피르마 아인게트레텐

B : Schon vor 10 Jahren.
숀 포어 첸 야렌

A : 회사는 언제 입사하셨어요?

B : 벌써 10년 됐네요.

거기서 근무하신 지는 얼마나 됐죠?

Seit wann arbeiten Sie da?
자잇 반 아르바이텐 지 다

저는 이 회사에 다닌 지 5년 되었습니다.

Ich bin bei dieser Firma jetzt schon fünf Jahre.
이히 빈 바이 디저 피르마 옛츠트 숀 퓐프 야레

1년에 휴가를 몇 번이나 받습니까?

Wie viel Urlaub im Jahr bekommen Sie denn?
뷔 필 우얼라웁 임 야 베콤멘 지 덴

매년 저는 2주간 두 번 휴가를 받습니다.

Jedes Jahr bekomme ich zweimal 2 Wochen Urlaubstage.
예데스 야 베콤메 이히 쯔바이말 쯔바이 보헨 우얼라웁스타게

일은 마음에 드세요?

Sind Sie mit Ihrer Arbeit zufrieden?
진트 지 밋 이어러 아르바이트 쭈프리덴

일은 재미있습니다.

Mein Job macht mir viel Spass.

마인 좁 마흐트 미어 필 슈파스

마음에 들지 않습니다.

Es gefällt mir nicht an meiner Arbeit.

에스 게펠트 미어 니히트 안 마이너 아르바이트

사표를 낼 것입니다.

Ich will die Kündigung einreichen.

이히 빌 디 퀸디궁 아인라이헨

당신 회사는 정년이 몇 살인가요?

Was ist das Pensionsalter in Ihrer Firma?

봐스 이스트 다스 팡지온스알터 인 이어러 피르마

언제 퇴직하세요?

Wann treten Sie in den Ruhestand?

봔 트레텐 지 인 덴 루에슈탄트

과거의 일에 대해 '언제', 즉 의문사 wann으로 시작하는 문장으로 묻는다면 대답할 경우에는 현재 시점으로부터 '~전에'라고 말해야 하므로 전치사 vor를 사용하여 대답합니다. 예를 들어 '한 시간 전에'는 vor einer Stunde, '일주일 전에'는 vor zwei Wochen, '3년 전에'는 vor drei Jahren 등으로 말합니다.

주요표현

A : Wie groß ist die Wohnung?
뷔 그로스 이스트 디 보눙

B : Die ist etwa $80m^2$ groß.
디 이스트 에트바 아흐찌히크바드랏메터 그로스

A : 집이 얼마나 넓어요?

B : 대략 80제곱미터 정도 됩니다.

집의 크기가 어떻게 되죠?

Wie viel Quadratmeter hat die Wohnung?
뷔 필 크바드랏메터 핫 디 보눙

이 집은 방이 몇 개입니까?

Wie viele Zimmer hat die Wohnung?
뷔 필레 침머 핫 디 보눙

집이 정말 크네요.

Die Wohnung ist aber groß.
디 보눙 이스트 아버 그로스

거실이 좀 어둡군요.

Das Wohnzimmer ist ein bisschen dunkel.
다스 본침머 이스트 아인 비쓰혠 둥켈

이 집은 중앙난방식입니까?

Hat diese Wohnung Zentralheizung?
핫 디제 보눙 쩬드랄하이쭝

근처에 쇼핑센터가 있습니까?

Gibt es ein Einkaufszentrum in der Nähe?

깁트 에스 아인 아인카우프스첸트룸 인 데어 네에

교통편은 어떻습니까?

Wie ist die Verkehrsverbindung?

뷔 이스트 디 페어케어스페어빈둥

집이 언제부터 비게 되나요?

Ab wann ist die Wohnung frei?

압 봔 이스트 디 보눙 프라이

제가 언제부터 입주할 수 있습니까?

Wann kann ich einziehen?

봔 칸 이히 아인찌엔

즉시 입주하실 수 있습니다.

Sie können ab sofort einziehen.

지 쾨넨 압 조포어트 아인찌엔

우리나라에서는 집의 크기를 보통 '평'으로 말하지만 독일에서는 m^2, 즉 '제곱미터'로 말하고 표기합니다. 제곱미터는 독일어로 Quadratmeter라고 합니다. 집 크기가 $90m^2$라면 neunzig Quadratmeter라고 말합니다. 크기를 한국식 평수로 비교하고 싶다면 제곱미터의 약 3분의 1로 계산하면 됩니다. 예를 들면 $90m^2$는 대략 30평 정도가 되는 것입니다.

주요표현

A : Was wollen Sie im Urlaub machen?
봐스 볼렌 지 임 우얼라웁 마헨

B : Ich plane eine Reise ins Ausland.
이히 플라네 아이네 라이제 인스 아우슬란트

A : 휴가 때 무엇을 하실 생각입니까?

B : 해외 여행을 갈 겁니다.

휴가 계획은 있습니까?

Haben Sie im Urlaub etwas vor?
하벤 지 임 우얼라웁 에트봐스 포어

휴가는 어떻게 보내실 겁니까?

Wie verbringen Sie Ihren Urlaub?
뷔 페어브링엔 지 이어렌 우얼라웁

며칠 간 휴가입니까?

Wie lange machen Sie Urlaub?
뷔 랑에 마헨 지 우얼라웁

일주일 쉽니다.

Ich mache eine Woche Urlaub.
이히 마헤 아이네 보헤 우얼라웁

가족과 함께 멕시코 관광을 할 계획입니다.

Ich reise mit meiner Familie nach Mexiko.
이히 라이제 밋 마이너 파멜리에 나흐 멕시코

유람선 여행을 즐길 겁니다.

Ich würde gern mit dem Kreuzfahrtschiff reisen.

이히 뷔어데 게언 밋 뎀 크로이츠파르트쉬프 라이젠

어디로 휴가를 다녀오셨습니까?

Wohin sind Sie im Urlaub gefahren?

보힌 진트 지 임 우얼라웁 게파렌

우리는 이탈리아의 한 캠핑장에 갔었어요.

Wir waren auf einem Campingplatz in Italien.

뷔어 바렌 아우프 아이넴 캠핑플랏츠 인 이탈리엔

여행은 어땠나요?

Wie war Ihre Reise?

뷔 봐 이어레 라이제

여행은 아주 마음에 들었습니다.

Die Reise hat mir sehr gut gefallen.

디 라이제 핫 미어 제어 굿 게팔렌

독일어로 '휴가'는 Urlaub, '여행'은 Reise라고 합니다. Urlaub을 Reise와 혼동하는 경우가 있는데, Urlaub은 휴가 기간을 의미하는 것이어서 이 기간 동안 여행을 할 수도, 안 할 수도 있으며 Reise는 말 그대로 집을 떠나 다른 곳에서 즐기는 여행입니다. 두 단어의 차이를 이해하며 표현할 수 있도록 합시다.

주요표현

A : Was ist Ihr Hobby?
봐스 이스트 이어 호비

B : Mein Hobby ist Musik hören.
마인 호비 이스트 무직 회렌

A : 취미가 무엇입니까?

B : 제 취미는 음악을 듣는 것입니다.

취미가 무엇입니까?

Was ist Ihre Lieblingsbeschäftigung?
봐스 이스트 이어레 리블링스베쉐프티궁

제 취미는 등산입니다.

Meine Lieblingsbeschäftigung ist Bergsteigen.
마이네 리블링스베쉐프티궁 이스트 베어크슈타이겐

어디에 관심이 있습니까?

Wofür interessieren Sie sich denn?
보퓨어 인터레씨어렌 지 지히 덴

저는 축구팬입니다. 축구를 좋아합니다.

Ich bin Fußballfan. Ich liebe Fußball.
이히 빈 푸쓰발팬 이히 리베 푸쓰발

주말마다 축구를 합니다.

Ich spiele jedes Wochenende Fußball.
이히 슈필레 예데스 보헨엔데 푸쓰발

저는 자전거를 즐깁니다.

Ich fahre gern Fahrrad.

이히 파레 게언 파랏

저는 취미로 우표를 수집합니다.

Ich sammle als Hobby Briefmarken.

이히 잠믈레 알스 호비 브리프마르켄

특별한 취미는 없습니다.

Ich habe kein besonderes Hobby.

이히 하베 카엔 베존더레스 호비

컴퓨터 게임이 유일한 취미입니다.

Mein einziges Hobby ist Computerspiel spielen.

마인 아인찌게스 호비 이스트 콤퓨터슈필 슈필렌

누구나 자기만의 취향이 있지요.

Jeder hat seinen eigenen Geschmack.

예더 핫 자인 아이게네스 게슈막

Hobby는 중성명사로서 '취미'라는 뜻입니다. '취미'라는 의미의 순수 독일어로는 Lieblingsbeschäftigung도 있습니다. '좋아하는 일'이란 뜻입니다. Lieblingsbeschäftigung은 다소 긴 철자의 단어이므로 발음에 유의하도록 합시다. [리블링스베쉐프티궁]이라고 읽습니다.

6. 스포츠

주요표현

A : Treiben Sie Sport?
트라이벤 지 슈포엇

B : Ja, ich spiele gern Fußball.
야 이히 슈필레 게언 푸쓰발

A : 운동을 하시나요?

B : 예, 축구를 즐깁니다.

스포츠 좋아하세요?

Mögen Sie Sport?
뫼겐 지 슈포엇

저는 모든 스포츠를 다 좋아합니다.

Ich mag alle Sportarten.
이히 막 알레 슈포엇아르텐

좋아하는 운동이 무엇입니까?

Was ist Ihr Lieblingssport?
봐스 이스트 이어 리블링스슈포엇

내가 좋아하는 운동은 수영입니다.

Mein Lieblingssport ist Schwimmen.
마인 리블링스슈포엇 이스트 슈빔멘

어떤 운동을 하십니까?

Was für einen Sport treiben Sie?
봐스 퓨어 아이넨 슈포엇 트라이벤 지

테니스를 즐깁니다.

Ich spiele gern Tennis.
이히 슈필레 게언 테니스

얼마나 자주 테니스를 하십니까?

Wie oft spielen Sie Tennis?
뷔 오프트 슈필렌 지 테니스

일주일에 한두 번 합니다.

Ich spiele ein- oder zweimal in der Woche.
이히 슈필레 아인 오더 쯔바이말 인 데어 보헤

축구 하는 것도 좋아하세요?

Spielen Sie auch gern Fußball?
슈필렌 지 아우흐 게언 푸쓰발

아뇨, 축구에는 관심이 없어요.

Nein, ich interessiere mich nicht für Fußball.
나인 이히 인터레씨어레 미히 니히트 퓨어 푸쓰발

'운동을 하다'의 독일어 표현은 Sport treiben입니다. 구기종목과 같은 특정한 운동을 할 경우에는 영어의 play에 해당하는 spielen 동사를 씁니다. 예를 들면 '축구 하다'는 Fußball spielen, '테니스 하다'는 Tennis spielen이라고 하지요. 이 밖에 joggen(조깅 하다), schwimmen(수영하다)처럼 한 단어로 표현될 때도 있습니다.

7. 병원에서

주요표현

A : Was fehlt Ihnen denn?
봐스 펠트 이넨 덴

B : Ich habe Kopfschmerzen.
이히 하베 콥프슈메르쩬

A : 어디가 아프십니까?

B : 두통이 있습니다.

어디가 아프십니까?

Wo tut es Ihnen weh?
보 툿 에스 이넨 붸

머리가 아픕니다.

Mein Kopf tut mir weh.
마인 콥프 툿 미어 붸

콧물감기가 있습니다.

Ich habe Schnupfen.
이히 하베 슈눕펜

기침도 합니다.

Ich habe Husten.
이히 하베 후스텐

배가 아픕니다.

Ich habe Bauchschmerzen.
이히 하베 바우흐슈메르쩬

목이 아픕니다.

Ich habe Halsschmerzen.

이히 하베 할스슈메르쩬

열이 있습니까?

Haben Sie Fieber?

하벤 지 피버

우선 청진 좀 하겠습니다.

Ich werde Sie erst einmal abhören.

이히 베어데 지 에어스트 아인말 압회렌

옷을 벗어주세요.

Machen Sie sich bitte frei.

마헨 지 지히 비테 프라이

숨을 깊게 들이키세요.

Atmen Sie bitte tief durch.

아트멘 지 비테 티프 두르히

신체의 어느 부위가 아플 때는 '~가(이) 아프다'는 말을 두 가지 형태로 나타낼 수 있습니다. 예를 들어 머리가 아플 때는 Ich habe Kopfschmerzen.이라고 말하는 방법이 있으며, Mein Kopf tut mir weh.라고 말할 때도 있습니다. 상대방에게 어디가 아픈지를 물을 때도 Was fehlt Ihnen?을 주로 사용하지만 Wo tut es Ihnen weh?도 사용할 수 있는 표현입니다. 상대방이 친한 친구이거나 가족일 경우에는 존칭 Ihnen 대신에 dir를 사용하면 됩니다.

8. 약국에서

주요표현

A : Entschuldigung, wo ist die Apotheke?
엔트슐디궁 보 이스트 디 아포테케

B : Tut mir leid, ich bin fremd hier.
툿 미어 라잇 이히 빈 프렘트 히어

A : 실례합니다. 약국이 어디에 있죠?

B : 죄송하지만 저도 여기 처음이라서요.

근처에 약국이 어디에 있죠?

Wo ist die nächste Apotheke?

보 이스트 디 넥스테 아포테케

독감약 좀 주세요.

Ich hätte gern ein Mittel gegen Grippe.

이히 헤테 게언 아인 미텔 게겐 그리페

처방전 가지고 계신가요?

Haben Sie Ihr Rezept dabei?

하벤 지 이어레 레쳅트 다바이

그것은 처방전에 있어야 합니다.

Es ist rezeptpflichtig.

에스 이스트 레쳅트플리히티히

여기에 처방전이 있습니다.

Hier ist mein Rezept.

히어 이스트 마인 레쳅트

설사약 좀 주세요.

Ich brauche ein Mittel gegen Durchfall.

이히 브라우헤 아인 미텔 게겐 두르히팔

해열제 좀 주세요.

Ich brauche ein Mittel gegen Fieber.

이히 브라우헤 아인 미텔 게겐 피버

이것을 어떻게 복용해야 합니까?

Wie muss ich das einnehmen?

뷔 무스 이히 다스 아인네멘

매일 세 번 식전에 한 알씩 드세요.

Dreimal täglich vor dem Essen eine Tablette.

드라이말 테클리히 포어 뎀 에센 아이네 타블레테

하루 두 번 5방울씩 드세요.

Zweimal täglich jeweils fünf Tropfen.

쯔바이말 테클리히 예봐일스 퓐프 트롭펜

설사약이나 해열제 등 약의 종류를 말할 때 전치사 gegen을 사용하는 경우가 많습니다. 전치사 gegen은 '~에 대항하여', '~에 상대하여'라는 뜻으로서, 각종 약이 '특정 질병을 상대하는 약'이라는 개념으로 이용되기 때문입니다. 이에 따라 독감약은 ein Mittel gegen Grippe, 설사약은 ein Mittel gegen Durchfall, 해열제는 ein Mittel gegen Fieber 등으로 표현할 수 있습니다.

주요표현

A : Ich möchte dieses Paket nach Korea schicken.
이히 뫼히테 디제스 파켓 나흐 코레어 쉬켄

B : Legen Sie bitte Ihr Paket auf die Waage.
레겐 지 비테 이어 파켓 아우프 디 바게

A : 이 소포를 한국으로 보내고 싶은데요.

B : 소포를 저울에 올려주세요.

소포 부치는 곳이 어디죠?

Wo ist die Paketannahme?
보 이스트 디 파켓안나메

이 소포를 베를린으로 보내고 싶은데요.

Ich möchte dieses Paket nach Berlin senden.
이히 뫼히테 디제스 파켓 나흐 베얼린 젠덴

소포 안에 무엇이 있나요?

Was ist in diesem Paket?
봐스 이스트 인 디젬 파켓

책과 기념품들이 있습니다.

Bücher und Souvenirs.
뷔혀 운트 주베니어스

저울에 올려주세요.

Legen Sie es bitte auf die Waage!
레겐 지 에스 비테 아우프 디 바게

이 서류를 작성해 주세요.

Füllen Sie bitte dieses Formular aus!
퓔렌 지 비테 디제스 포어물라 아우스

등기로 얼마입니까?

Was kostet das per Einschreiben?
봐스 코스텟 다스 퍼 아인슈라이벤

12유로 40센트입니다.

Das macht zwölf Euro vierzig.
다스 마흐트 쯔뵐프 오이로 피어찌히

이 소포가 베를린에는 언제 도착합니까?

Wann kommt dieses Paket in Berlin an?
봔 콤트 디제스 파켓 인 베얼린 안

아마 이틀 정도 걸릴 거예요.

Es wird wahrscheinlich zwei Tage dauern.
에스 비엇 봐샤인리히 쯔바이 타게 다우언

편지나 소포물을 등기로 부칠 때에는 Einschreiben을 사용하는데, per Einschreiben이 '등기로'라는 뜻입니다. 여기서 per는 통신 수단이나 의사소통 수단 앞에서 사용되어 '~을 수단으로 하여'란 의미를 갖게 됩니다. '휴대폰으로'는 per Handy, '이메일로'는 per E-Mail이 됩니다.

10. 미용실에서

주요표현

A : Ich möchte gerne einen Haarschnitt.
이히 뫼히테 게어네 아이넨 하르슈닛

B : Wie möchten Sie es haben?
뷔 뫼히텐 지 에스 하벤

A : 이발 좀 하고 싶습니다.

B : 어떻게 해드릴까요?

커트 좀 하고 싶습니다.

Ich möchte mir die Haare schneiden lassen.
이히 뫼히테 미어 디 하레 슈나이덴 라쎈

어떻게 잘라드릴까요?

Wie soll ich sie schneiden?
뷔 졸 이히 지 슈나이덴

너무 짧지 않게 부탁드려요.

Nicht zu kurz, bitte.
니히트 쭈 쿠어츠 비테

아주 짧게 잘라주세요.

Ich hätte es gerne sehr viel kürzer.
이히 헤테 에스 게어네 제어 필 퀴어쩌

여기까지만 잘라주세요.

Ungefähr bis hier.
웅게페어 비스 히어

뒷머리는 좀 더 짧게 해주세요.

Hinten etwas kürzer, bitte.

힌텐 에트봐스 퀴어쩌 비테

파마 좀 해주세요.

Können Sie mir eine Dauerwelle machen?

쾨넨 지 미어 아이네 다우어벨레 마헨

염색 좀 하고 싶습니다.

Ich möchte meine Haare färben lassen.

이히 뫼히테 마이네 하레 페어벤 라쎈

머리 좀 감겨주세요.

Ich möchte mir die Haare waschen lassen.

이히 뫼히테 미어 디 하레 봐쉔 라쎈

드라이 해드릴까요?

Föhnen?

푀넨

미용실 등에서 머리를 자를 때도 lassen 동사가 필요합니다. 자신이 스스로 머리카락을 자르는 것이 아니라 남에게 시켜서 자르는 것이므로 schneiden lassen으로 표현해야 하고, 염색하거나 머리를 감을 때도 lassen 동사가 필요합니다.

주요표현

A : Ich möchte diese Kleider reinigen lassen.
이히 뫼히테 디제 클라이더 라이니겐 라쎈

B : Wann können Sie Ihre Wäsche abholen?
봔 쾨넨 지 이어레 베쉐 압홀렌

A : 이 옷들을 세탁 맡기고 싶습니다.

B : 세탁물을 언제 찾아가실 수 있나요?

가까운 세탁소가 어디에 있나요?

Wo ist die nächste Reinigung?
보 이스트 디 넥스테 라이니궁

이 양복을 세탁해 주세요.

Ich möchte diesen Anzug reinigen lassen.
이히 뫼히테 디젠 안쭉 라이니겐 라쎈

언제까지 될까요?

Wann wird es fertig sein?
봔 뷔엇 에스 페어티히 자인

저는 양복이 내일 오후까지는 필요합니다.

Ich brauche ihn bis morgen Nachmittag.
이히 브라우헤 인 비스 모르겐 나흐미탁

이 옷을 내일까지 세탁해 주시겠습니까?

Können Sie das Kleid bis morgen reinigen?
쾨넨 지 다스 클라잇 비스 모르겐 라이니겐

내일 오후 2시까지는 안 됩니다.

Morgen vor 14 Uhr geht es leider nicht.
모르겐 포어 피어첸 우어 게엣 에스 라이더 니히트

이 바지를 좀 줄이고 싶습니다.

Ich möchte diese Hose etwas kürzen lassen.
이히 뫼히테 디제 호제 에트봐스 퀴어쩬 라쎈

대충 얼마나 걸릴까요?

Wie lange wird es wohl dauern?
뷔 랑에 뷔엇 에스 볼 다우언

세탁물을 언제 찾아갈 수 있을까요?

Wann kann ich meine Wäsche abholen?
봔 칸 이히 마이네 베쉐 압홀렌

세탁물을 찾고 싶습니다.

Ich möchte meine Wäsche abholen.
이히 뫼히테 마이네 붸쉐 압홀렌

'세탁하다'는 reinigen 동사를 사용하는데, 세탁소에 세탁물을 맡길 경우에는 '~하게 하다'라는 뜻의 lassen 동사가 추가로 필요합니다. 스스로 세탁하는 것이 아니라 남에게 세탁을 맡기는 것이므로 reinigen lassen이라고 말하는 것입니다. 예를 들어 '이 양복을 세탁해 주세요.'라고 하려면 Ich möchte diesen Anzug reinigen lassen.이라고 말할 수 있습니다.

주요표현

A : Kann ich hier das Buch bestellen?
칸 이히 히어 다스 부흐 베슈텔렌

B : Ja, natürlich. Wie lautet der Buchtitel?
야 나튀얼리히 뷔 라우텟 데어 부흐티텔

A : 여기서 책을 주문할 수 있을까요?

B : 예, 물론이죠. 책 제목이 뭐죠?

근처에 서점이 어디에 있습니까?

Wo ist die nächste Buchhandlung?
보 이스트 디 넥스테 부흐한틀룽

독한 사전을 찾고 있습니다.

Ich suche ein Deutsch-Koreanisches Wörterbuch.
이히 주헤 아인 도이취-코레아니쉐스 뵈어터부흐

사전류는 2층에 있습니다.

Die Wörterbücher finden Sie im zweiten Stock.
디 뵈어터뷔혀 핀덴 지 임 쯔바이텐 슈톡

소설책 하나를 찾는데요. 이것이 제목입니다.

Ich suche einen Roman. Das ist der Titel.
이히 주헤 아이넨 로만 다스 이스트 데어 티텔

죄송하지만 지금 그 책이 없는데요.

Im Moment haben wir das Buch leider nicht.
임 모멘트 하벤 뷔어 다스 부흐 라이더 니히트

그 책은 다 팔렸습니다.

Das Buch ist ausverkauft.

다스 부흐 이스트 아우스페어카우프트

그 책은 현재 절판되었습니다.

Das Buch ist zur Zeit vergriffen.

다스 부흐 이스트 쭈어 짜잇 페어그리펜

하지만 책을 주문해 드리겠습니다.

Wir bestellen es Ihnen aber gerne.

뷔어 베슈텔렌 에스 이넨 아버 게어네

주문하시겠어요?

Wollen Sie es bestellen?

볼렌 지 에스 베슈텔렌

그 책을 언제 가지러 올 수 있습니까?

Wann kann ich denn das Buch abholen?

봔 칸 이히 덴 다스 부흐 압홀렌

서점에서 자신이 원하는 책을 찾을 수 없다면 주문을 해야 합니다. '주문하다' 라는 뜻의 동사는 카페나 레스토랑에서 주문하는 것처럼 bestellen 동사를 사용합니다. 또한 다 팔렸음을 알리는 단어는 ausverkauft, 절판되었을 경우에는 vergriffen을 사용하니 단어의 뜻을 잘 구분하여 익히도록 합시다.

주요표현

A : Ich möchte die US Dollar in Euro wechseln.
이히 뫼히테 디 우에스 돌라 인 오이로 벡셀른

B : Wie viel denn?
뷔 필 덴

A : 미국 달러를 유로화로 바꾸고 싶습니다.
B : 얼마나 바꾸실 건데요?

어디서 돈을 바꿀 수 있나요?

Wo kann man Geld umtauschen?
보 칸 만 겔트 움타우쉔

환전하고 싶습니다.

Ich möchte Geld umtauschen.
이히 뫼히테 겔트 움타우쉔

500유로를 한화로 바꾸고 싶습니다.

Ich möchte bitte koreanische Won für 500 Euro.
이히 뫼히테 비테 코레아니쉐 원 퓨어 퓐프훈더트 오이로

일본 엔화를 원합니다.

Ich hätte gern japanische Yen.
이히 헤테 게언 야파니쉐 옌

미국 달러를 유로화로 환전해 주실 수 있나요?

Können Sie mir die US Dollar in Euro wechseln?
쾨넨 지 미어 디 우에스 돌라 인 오이로 벡셀른

얼마나 바꾸실 건데요?

Wie viel Geld möchten Sie wechseln?

뷔 필 겔트 뫼히텐 지 벡셀른

1000 미국 달러를 바꿀 겁니다.

So für 1000 US Dollar.

조 퓨어 아인타우젠트 우에스 돌라

유로화로는 얼마나 되죠?

Wie viel ist das denn in Euro?

뷔 필 이스트 다스 덴 인 오이로

그것은 890유로 50센트입니다.

Das sind 890 Euro 50 Cent.

다스 진트 아흐트훈더트노인찌히 오이로 퓐프찌히 센트

환율이 어떻게 되나요?

Wie ist der Kurs?

뷔 이스트 데어 쿠어스

'환전하다', 혹은 '돈을 바꾸다'라는 뜻의 동사로는 umtauschen이나 wechseln을 사용합니다. 유로화를 읽는 방법은 유로 단위가 있을 때는 유로(독일어 발음은 오이로)만을 말하고, 유로 단위가 없고 센트 단위만 있을 때는 센트만 말해 줍니다.

2,70 € : zwei Euro siebzig [쯔바이 오이로 집찌히]

0,70 € : siebzig Cent [집찌히 센트]

14. 극장에서

주요표현

A : Um wie viel Uhr beginnt der Film?
움 뷔 필 우어 베긴트 데어 필름

B : Der beginnt um halb vier.
데어 베긴트 움 할프 피어

A : 영화는 몇 시에 시작합니까?

B : 3시 반에 시작합니다.

어디서 표를 삽니까?

Wo bekomme ich denn die Karte?
보 베콤메 이히 덴 디 카르테

지금 어떤 영화가 상영되고 있습니까?

Welcher Film läuft jetzt?
벨혀 필름 로이프트 옛츠트

이 영화 봤어?

Hast du diesen Film gesehen?
하스트 두 디젠 필름 게제엔

누가 나오지?

Wer ist der Hauptdarsteller?
베어 이스트 데어 하웁트다슈텔러

영화 보러 갈래요?

Kommen Sie mit ins Kino?
콤멘 지 밋 인스 키노

영화는 언제 끝나나요?

Wann ist der Film zu Ende?

반 이스트 데어 필름 쭈 엔데

내가 본 영화 중에 최고다.

Das war der beste Film, den ich gesehen habe.

다스 봐 데어 베스테 필름 덴 이히 게제엔 하베

그는 아주 좋은 배우야.

Er ist ein sehr guter Schauspieler.

에어 이스트 아인 제어 구터 샤우슈필러

그 영화 너무 재미있었어요.

Der Film war echt spannend.

데어 필름 봐 에히트 슈판넨트

그 영화 너무 지루합니다.

Den Film finde ich ziemlich langweilig.

덴 필름 핀데 이히 찜리히 랑봐일리히

위에 소개된 Welcher Film läuft jetzt?(지금 어떤 영화가 상영되고 있습니까?)라는 문장에서는 동사 laufen이 사용되었는데요, laufen의 뜻은 기본적으로 '뛰다', '달리다'이지만 영화가 '상영되다'라는 의미로도 사용됩니다. 이 동사의 2인칭과 3인칭 형태는 불규칙적으로 변화하여 du läufst, er läuft가 되니 숙지하고 있어야 합니다.

관련단어

직위

Chef	쉐프	사장, 상사
Vorsitzender	포어짓쩬더	회장, 의장
Geschäftsführer	게쉐프츠퓨어러	사장, 대표이사
Hauptgeschäftsverwalter	하우프트게쉐프츠페어발터	전무
Geschäftsführender Direktor	게쉐프츠퓌어렌더 디렉토어	상무
Abteilungsleiter	압타일룽스라이터	과장, 부장
Angestellte	안게슈텔테	직원, 회사원
Gruppenleiter	그루펜라이터	팀장
Manager	매니저	매니저
Sekretär	제크레테어	비서

취미, 스포츠

Hobby	호비	취미
Film	필름	영화
Theater	테아터	연극관, 연극
Musik	무직	음악
Lied	리트	노래, 곡
Tanz	탄츠	춤
Foto	포토	사진
Lesen	레젠	읽기, 독서
Malen	말렌	그림 그리기
Sammlung	잠룽	수집
Kochen	코헨	요리, 요리하기

Sport	슈포엇	체육, 스포츠
Fußball	푸쓰발	축구
Golf	골프	골프
Billard	빌라트	당구
Tischtennis	티쉬테니스	탁구
Tennis	테니스	테니스
Baseball	베이스볼	야구
Badminton	베드민턴	배드민턴
Basketball	바스켓발	농구
Yacht	야흐트	요트
Yoga	요가	요가
Schwimmen	슈빔멘	수영하기, 수영
Ski	스키	스키
Eislauf	아이스라우프	스케이트
Angeln	앙엘른	낚시
Jagen	야겐	사냥
Bergsteigen	베어크슈타이겐	등산
Reise	라이제	여행
Surfen	주어펜	서핑
Wandern	봔던	트레킹, 걷기
Computerspiel	콤퓨터슈필	컴퓨터 게임
Internet surfen	인터넷 주어펜	인터넷 검색

병 관련

Schmerzen	슈메르쩬	통증
Kopfschmerzen	콥프슈메르쩬	두통
Zahnschmerzen	짠슈메르쩬	치통

관련단어

Bauchschmerzen	바우흐슈메르쩬	복통
Magenschmerzen	마겐슈메르쩬	위통
Halsschmerzen	할스슈메르쩬	인후통
Rückenschmerzen	뤽켄슈메르쩬	허리통증
Erkältung	에어켈퉁	감기
Grippe	그리페	독감
Husten	후스텐	기침
Schnupfen	슈눕펜	코감기
Fieber	피버	열
Reisekrankheit	라이제크랑크하잇	멀미
Erbrechen	에어브레헨	구토
Übelkeit	위벨카이트	메스꺼움
Durchfall	드루히팔	설사
Verstopfung	페어슈톱풍	변비
Diabetes	디아베테스	당뇨
Krebs	크렙스	암
Schwindel	슈빈델	어지러움
Allergie	알레르기	알러지
Verletzung	페어렛쭝	부상, 상처
Pickel	픽켈	여드름
Blutung	블루퉁	출혈
Brandwunde	브란트반데	화상
Blut	블룻	피
Bluthochdruck	블룻호흐드룩	고혈압

병원, 약국

Krankenhaus	크랑켄하우스	병원

Praxis	프락시스	개인병원
Kranke	크랑케	환자
Patient	파치엔트	환자
Behandlung	베한틀룽	치료
Spritze	슈프릿쩨	주사
Rezept	레쳅트	처방전
Apotheke	아포테케	약국
Medikament	메디카멘트	약
Arzneimittel	아르쯔나이미텔	약
Tablette	타블레테	알약
Tropfen	트롭펜	물약
Salbe	잘베	연고
Verband	페어반트	붕대
Verdauungsmittel	페어다우웅스미텔	소화제
Stopfmittel	슈토프미텔	지사제
Mittel gegen Reiseübelkeit 미텔 게겐 라이제위벨카이트		멀미약
Schmerzmittel	슈메어츠미텔	진통제
Blutstillungsmittel	블룻슈틸룽스미텔	지혈제
Deinfektionsmittel	데인펙치온스미텔	소독약
Abführmittel	압퓨어미텔	변비약
Schlafmittel	슐라프미텔	수면제
Wärmepflaster	베어메플라스터	파스

은행

Bankleitzahl	방크라잇짤	은행 고유번호
Kontonummer	콘토눔머	계좌번호

관련단어

Vollmacht	폴마흐트	전권위임, 위임장
Dauerauftrag	다우어아우프트락	자동이체
Kontoauszug	콘토아우스쭉	입출금 거래내역서
IBAN	이반	국제은행 계좌번호
Geldkarte	겔트카르테	현금카드
Kreditkarte	크레딧카르테	신용카드
Girokonto	지로콘토	지로계좌
Sparkonto	슈파콘토	저축계좌
Sperrkonto	슈페어콘토	지급동결계좌
Scheck	쉑	수표
Überweisung	위버바이중	이체
Schufa	슈파	신용조사기관
Zinsen	찐젠	이자
Soll	졸	지출
Haben	하벤	수입
Einzahlung	아인짤룽	입금
Auszahlung	아우스짤룽	출금
Depositum	데포지툼	예치금
Online-Banking	온라인뱅킹	온라인 뱅킹
Kontokündigung	콘토퀸디궁	계좌해약

5장

전화

1. 전화를 걸 때
2. 전화를 받을 때
3. 부재중일 때
4. 말을 전할 때
5. 기타 전화 상황

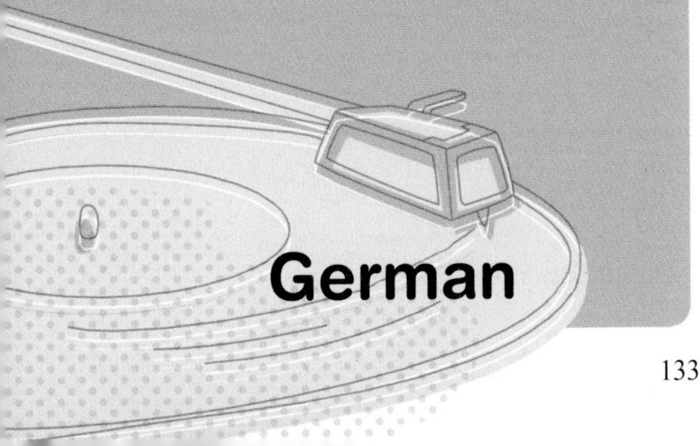

1. 전화를 걸 때

주요표현

A : Becker am Apparat.
베커 암 아파랏

B : Hallo! Hier spricht Minho Kim.
할로 히어 슈프리히트 민호 킴

A : 베커입니다.

B : 여보세요, 저는 김민호입니다.

전화 좀 받아주세요.

Gehen Sie bitte ans Telefon!
게엔 지 비테 안스 텔레폰

안녕하세요, 저는 박입니다.

Guten Tag! Hier spricht Park.
구텐 탁 히어 슈프리히트 팍

전화 거시는 분은 누구세요?

Wer ist am Apparat?
베어 이스트 암 아파랏

빈터입니다. 당신은 누구시죠?

Winter, wer spricht da bitte?
빈터 베어 슈프리히트 다 비테

안녕하세요. 저는 슈나이더입니다.

Guten Tag. Hier ist Schneider.
구텐 탁 히어 이스트 슈나이더

누구에게 전화하셨어요?

Wen haben Sie angerufen?

벤 하벤 지 안게루펜

콜러 씨와 통화하고 싶습니다.

Ich möchte gern mit Herrn Kohler sprechen.

이히 뫼히테 게언 밋 헤른 콜러 슈프레헨

콜러 씨 좀 바꿔주세요.

Verbinden Sie mich bitte mit Herrn Kohler.

페어빈덴 지 미히 비테 밋 헤른 콜러

잠깐만요.

Einen Moment, bitte.

아이넨 모멘트 비테

안녕히 계세요.(전화상으로)

Auf Wiederhören!

아우프 비더회렌

전화상으로 상대방이 누구인지를 물을 때는 Wer ist am Apparat?이란 표현을 하게 됩니다. 여기서 Apparat이란 '기구', '기계'라는 뜻으로 Telefonapparat(전화기)를 가리킵니다. 즉 '전화기에 대고 말하는 사람이 누구냐'라는 것을 물어보는 방식입니다. 전화를 끊을 때의 인사말은 Auf Wiederhören!이라고 합니다.

주요표현

A : Ich möchte gerne Valentina sprechen.
이히 뫼히테 게어네 발렌티나 슈프레헨

B : Kleinen Moment, bitte.
클라이넨 모멘트 비테

A : 발렌티나 씨 부탁합니다.

B : 잠깐만 기다리세요.

전화 받아요.

Gehen Sie bitte ans Telefon!
게엔 지 비테 안스 텔레폰

잠시만 기다려 주세요.

Einen Moment, bitte.
아이넨 모멘트 비테

끊지 말고 기다려 주세요.

Bleiben Sie bitte am Apparat!
블라이벤 지 비테 암 아파랏

전화 왔어요.

Hier ist ein Anruf für Sie!
히어 이스트 아인 안루프 퓨어 지

미카엘, 전화 받아.

Michael, Telefon für dich!
미카엘 텔레폰 퓨어 디히

잠시만요, 바꿔 드릴게요.

Moment, ich verbinde!

모멘트 이히 페어빈데

좀 천천히 말씀해 주세요.

Sprechen Sie bitte langsam!

슈프레헨 지 비테 랑잠

잘 안 들려요.

Ich höre Sie nicht gut.

이히 회레 지 니히트 굿

누구신지요?

Wer ist am Apparat?

베어 이스트 암 아파랏

성함을 말씀해 주시겠어요?

Darf ich um Ihren Namen bitten?

다르프 이히 움 이어렌 나멘 비텐

전화상으로 상대방이 누구인지를 물을 때 Wer ist am Apparat?이라고 하는데 여기서 Apparat은 Telefonapparat, 즉 '전화기'를 뜻합니다. 이는 '전화기상에 누가 있느냐'를 묻는 표현입니다.

주요표현

A : Ist Herr Werner da?
이스트 헤어 베르너 다

B : Er ist momentan nicht an seinem Platz.
에어 이스트 모멘탄 니히트 안 자이넴 플랏츠

A : 베르너 씨 계십니까?
B : 그분은 지금 자리에 안 계십니다.

누구를 바꿔드릴까요?
Wen möchten Sie sprechen?
벤 뫼히텐 지 슈프레헨

볼프 씨(여) 좀 바꿔주시겠습니까?
Ist Frau Wolf zu sprechen?
이스트 프라우 볼프 쭈 슈프레헨

그녀가 어느 부서에서 일합니까?
In welcher Abteilung arbeitet sie?
인 벨혀 압타일룽 아르바이텟 지

그녀는 지금 사무실에 안 계시는데요.
Sie ist im Moment nicht im Büro.
지 이스트 임 모멘트 니히트 임 뷔로

베르너 씨는 출장 중입니다.
Herr Werner ist auf Geschäftsreise.
헤어 베르너 이스트 아우프 게쉐프츠라이제

그는 지금 연락이 안 됩니다.

Er ist zurzeit nicht erreichbar.

에어 이스트 쭈어차잇 니히트 에어라이히바

잠깐만요, 바꿔드리겠습니다.

Moment, ich verbinde Sie!

모멘트 이히 페어빈데 지

그는 퇴근했습니다.

Er hat Feierabend gemacht.

에어 핫 파이어아벤트 게마흐트

나중에 다시 전화해 주실 수 있습니까?

Können Sie später zurückrufen?

쾨넨 지 슈페터 쭈뤽루펜

무슨 용건인데요?

Worum handelt es sich, bitte?

보룸 한델트 에스 지히 비테

상대방의 존재 유무를 물어볼 때 주로 사용하는 표현이 바로 da sein입니다. 만일 '그분이 있습니다.'라고 말하고자 할 때에는 간단히 Er ist da.라고 하면 됩니다. 그리고 전화상에서 '지금 현재 시점'을 뜻하는 부사적 표현으로는 momentan, 또는 im Moment를 많이 사용하는데, 만일 '그 사람이 지금 없다.'라고 할 때는 Er ist im Moment nicht da.라고 말하면 됩니다.

주요표현

A : Sie ist im Moment nicht da.
지 이스트 임 모멘트 니히트 다

B : Können Sie ihr etwas ausrichten?
쾬넨 지 이어 에트봐스 아우스리히텐

A : 그녀는 지금 자리에 안 계신데요.

B : 메시지를 좀 전해 주시겠습니까?

메시지를 남기시겠습니까?

Möchten Sie eine Nachricht hinterlassen?
뫼히텐 지 아이네 나흐리히트 힌터라쎈

누구시죠?

Wer spricht da bitte?
베어 슈프리히트 다 비테

바우어 씨가 전화했어요.

Ein Anruf von Herrn Bauer für Sie!
아인 안루프 폰 헤언 바우어 퓨어 지

제가 나중에 전화할게요.

Ich rufe Sie später wieder mal zurück.
이히 루페 지 슈페터 비더 말 쭈뤽

저에게 전화해 달라고 전해 주시겠습니까?

Könnten Sie ihm sagen, dass er zurückrufen soll?
쾬텐 지 임 자겐 다스 에어 쭈뤽루펜 졸

잘못 거셨습니다.

Sie haben sich verwählt.
지 하벤 지히 페어벨트

오늘 늦을 거라고 전해 줘.

Sagen Sie ihm nur, dass ich heute spät komme.
자겐 지 임 누어 다스 이히 호이테 슈펫 콤메

나 기다리지 말라고 전해 줘.

Richten Sie ihm aus, dass er auf mich nicht warten muss.
리히텐 지 임 아우스 다스 에어 아우프 미히 니히트 봐르텐 무스

나중에 전화 주세요.

Rufen Sie mich bitte später zurück.
루펜 지 미히 비테 슈페터 쭈뤽

메시지를 전할 때는 ausrichten, 메시지를 남길 때는 hinterlassen 동사를 사용합니다. 그리고 전화로 답신을 하는 경우에는 분리동사 zurückrufen을 사용하는데 목적어로 3격이 아닌, 4격을 사용함에 유의하여야 합니다. 예를 들어 '저에게 답신해 주세요.'라고 말할 경우에는 Rufen Sie mich zurück!이라고 말하면 됩니다.

5. 기타 전화 상황

주요표현

A : Ist Herr Fischer da?
이스트 헤어 피셔 다

B : Tut mir leid, Sie sind falsch verbunden.
툿 미어 라잇 지 진트 팔쉬 페어빈덴

A : 피셔 씨 계신가요?

B : 죄송합니다. 잘못 거셨네요.

통화 중입니다.

Die Leitung ist besetzt.
디 라이퉁 이스트 베젯츠트

더 크게 말씀해 주세요.

Sprechen Sie bitte etwas lauter!
슈프레헨 지 비테 에트봐스 라우터

다시 한번 말씀해 주시겠습니까?

Könnten Sie mir noch einmal sagen?
쾬텐 지 미어 노흐 아인말 자겐

전화 회선에 장애가 있습니다.

Die Leitung ist gestört.
디 라이퉁 이스트 게슈퇴어트

전화 상태가 안 좋습니다.

Wir haben eine schlechte Verbindung.
뷔어 하벤 아이네 슐레히테 페어빈둥

나중에 문자 주세요.

Bitte schreiben Sie mir später eine SMS!

비테 슈라이벤 지 미어 슈페터 아이네 에스엠에스

철자를 말씀해 주시겠어요?

Würden Sie Ihren Namen buchstabieren?

뷔어덴 지 이어렌 나멘 부흐슈타비어렌

언제 다시 전화드리면 될까요?

Wann soll ich Sie wieder zurückrufen?

반 졸 이히 지 뷔더 쭈뤽루펜

지금 전화를 끊어야겠네요.

Ich muss jetzt Schluss machen.

이히 무스 옛츠트 슐루스 마헨

전화해 주셔서 감사합니다.

Vielen Dank für Ihren Anruf!

퓔렌 당크 퓨어 이어렌 안루프

'전화를 잘못 거셨습니다.'라고 표현할 경우에는 Sie haben sich verwählt. 혹은 Sie sind falsch verbunden.이라고 합니다. 두 번째 문장에서 verbunden은 verbinden(연결하다)의 과거분사 형태인데, 여기서는 분사적 형용사로 쓰인 것입니다. 직역하면 '당신이 잘못 연결되어 있습니다.'가 되는데 이는 상대방이 전화를 잘못 걸었음을 의미합니다.

관련단어

전화, 휴대폰

Ferngespräch	페언게슈프레히	장거리 전화
Vorwahl	포어발	지역번호
Telefonkarte	텔레폰카르테	전화카드
Telefonzelle	텔레폰첼레	공중전화박스
Anrufbeantworter	안루프베안트보르터	자동응답기
soziale Netzwerke	조찌알레 네츠베르케	소셜 네트워크
Handy	핸디	휴대폰
Smartphone	스마트폰	스마트폰
Akku	아쿠	배터리
Akku-Ladegerät	아쿠-라데게렛	배터리 충전기
SMS	에스엠에스	문자 메시지
Roaming	로아밍	로밍
Videoanruf	비데오안루프	영상통화
W-LAN	베-란	와이파이

초대 · 방문 · 축하

6장

1. 초대할 때
2. 방문할 때
3. 손님을 맞이할 때
4. 식사를 대접할 때
5. 손님을 배웅할 때
6. 축하의 표현
7. 축복과 기원

1. 초대할 때

주요표현

A : Ich möchte Sie bei mir zum Abendessen einladen.
이히 뫼히테 지 바이 미어 쭘 아벤트에쎈 아인라덴

B : Danke sehr, ich komme gerne.
당케 제어 이히 콤메 게어네

A : 당신을 저희 집 저녁 식사에 초대하고 싶은데요.

B : 고마워요, 기꺼이 가겠습니다.

오늘 저녁 만나서 식사할까요?

Treffen wir uns heute Abend zum Essen?

트레펜 뷔어 운스 호이테 아벤트 쭘 에쎈

좋은 생각입니다.

Das finde ich gut.

다스 핀데 이히 굿

저희 집에 들르시겠어요?

Kommen Sie bei mir vorbei?

콤멘 지 바이 미어 포어바이

제가 저녁 식사 대접해 드리고 싶습니다.

Ich möchte Sie zum Abendessen einladen.

이히 뫼히테 지 쭘 아벤트에쎈 아인라덴

그거 아주 좋겠습니다.

Das hört sich gut an!

다스 회엇 지히 굿 안

이번 주 토요일 괜찮겠습니까?

Geht es am kommenden Samstag?
게엣 에스 암 콤멘덴 잠스탁

죄송하지만 그때는 갈 수가 없는데요.

Tut mir leid, da kann ich leider nicht kommen.
툿 미어 라잇 다 칸 이히 라이더 니히트 콤멘

언제가 제일 좋겠습니까?

Wann passt es Ihnen am besten?
봔 파스트 에스 이넨 암 베스텐

일요일 저녁이 제일 좋겠는데요.

Am besten wäre es mir am Sonntagabend.
암 베스텐 베레 에스 미어 암 존탁아벤트

몇 시에 저에게 오시겠어요?

Um wie viel Uhr kommen Sie zu mir?
움 뷔 필 우어 콤멘 지 쭈 미어

집에 초대를 하거나 밖에서 식사 대접을 하거나 상관없이 상대방에게 밥을 사겠다는 표현은 einladen 동사를 사용합니다. 저녁 식사를 대접할 경우에는 zum Abendssen einladen, 커피를 대접할 경우에는 zum Kaffeetrinken einladen이라고 합니다.

주요표현

A : Ich danke Ihnen für die Einladung.
이히 당케 이넨 퓨어 디 아인라둥

B : Ich freue mich, dass Sie gekommen sind.
이히 프로이에 미히 다스 지 게콤멘 진트

A : 초대해 주셔서 감사합니다.

B : 와 주셔서 반갑습니다.

초대해 주셔서 감사합니다.

Danke für die Einladung.
당케 퓨어 디 아인라둥

와 주셔서 고맙습니다.

Danke für das Kommen.
당케 퓨어 다스 콤멘

어서 들어오세요.

Kommen Sie bitte herein!
콤멘 지 비테 헤어라인

이것은 당신께 드리는 조그만 선물입니다.

Das hier ist eine Kleinigkeit für Sie.
다스 히어 이스트 아이네 클라이니히카잇 퓨어 지

그러실 필요는 없는데요. (선물 받으면서)

Das wäre doch nicht nötig gewesen.
다스 베레 도흐 니히트 뇌티히 게베젠

외투 받아드릴까요?

Darf ich Ihren Mantel abnehmen?

다르프 이히 이어렌 만텔 압네멘

이쪽으로 앉으세요.

Nehmen Sie hier Platz, bitte.

네멘 지 히어 플랏쯔 비테

제 집을 보여드리겠습니다.

Ich zeige Ihnen meine Wohnung.

이히 짜이게 이넨 마이네 보눙

집이 참 예쁘네요.

Sie haben eine schöne Wohnung.

지 하벤 아이네 쉐네 보눙

집이 아주 크네요.

Ihre Wohnung ist zu gross.

이어레 보눙 이스트 쭈 그로쓰

초대에 대한 감사를 표현할 경우에는 Ich danke Ihnen für die Einladung. 혹은 Danke für die Einladung.이라고 합니다. '~에 대해 감사하다'고 할 경우 danken 동사를 전치사 für와 함께 사용하는 것이 일반적입니다.

3. 손님을 맞이할 때

주요표현

A : Entschuldigen Sie bitte meine Verspätung!
인트슐디겐 지 비테 마이네 페어슈페퉁

B : Kein Problem. Kommen Sie bitte herein.
카인 프로블렘 콤멘 지 비테 헤어라인

A : 늦어서 미안합니다.

B : 괜찮아요. 어서 오십시오.

초대해 주셔서 감사합니다.

Vielen Dank für Ihre Einladung!
퓔렌 당크 퓨어 이어레 아인라둥

다시 뵙게 되어 반갑습니다.

Ich freue mich, Sie wieder zu sehen.
이히 프로이에 미히 지 비더 쭈 제엔

이쪽으로 오십시오.

Kommen Sie hierher!
콤멘 지 히어헤어

이건 작은 선물입니다.

Hier ist eine Kleinigkeit für Sie.
히어 이스트 아이네 클라이니히카이트 퓨어 지

이건 제가 꼭 원했던 것입니다.

Das ist genau das, was ich mir gewünscht habe.
다스 이스트 게나우 다스 봐스 이히 미어 게뷘슈트 하베

이리 앉으세요.

Nehmen Sie hier Platz, bitte.
네멘 지 히어 플랏츠 비테

내 집이다 생각하세요.

Fühlen Sie sich bitte hier wie zu Hause!
퓔렌 지 지히 비테 히어 뷔 쭈 하우제

아이들은 잘 있습니까?

Wie geht es Ihren Kindern?
뷔 게엣 에스 이어렌 킨던

부모님은 아무 일 없으신가요?

Wie geht es Ihren Eltern?
뷔 게엣 에스 이어렌 엘턴

너무 늦게 와서 죄송합니다.

Entschuldigen Sie bitte, daß ich zu spät komme.
엔트슐디겐 지 비테 다스 이히 쭈 슈펫 콤메

일반적으로 '초대'는 Einladung이라고 하는데, 이 단어의 동사 형태는 einladen(초대하다)입니다. einladen은 집으로 초대할 때뿐 아니라 식당으로 초대하거나 자기가 계산을 하겠다는 의미로도 사용됩니다. 예를 들어 상대방에게 '제가 커피를 사겠습니다'라고 표현하고자 한다면 Ich lade Sie zum Kaffee ein. 이라고 하면 됩니다.

주요표현

A : Guten Appetit!
구텐 아페팃

B : Ihnen auch.
이넨 아우흐

A : 맛있게 드세요!

B : 당신도요.

맛있게 드세요.

Lassen Sie sich's gut schmecken!
라쎈 지 지히스 굿 슈멕켄

마음껏 드세요.

Bitte bedienen Sie sich!
비테 베디넨 지 지히

자, 그럼 듭시다.

Bitte lassen Sie uns zugreifen!
비테 라쎈 지 운스 쭈그라이펜

음식이 당신 입맛에 맞길 바랍니다.

Hoffentlich schmeckt es Ihnen!
호펜틀리히 슈멕트 에스 이넨

이건 어떤 요리입니까?

Was für ein Gericht ist das?
봐스 퓨어 아인 게리히트 이스트 다스

한번 맛보아도 될까요?

Darf ich mal probieren?

다르프 이히 말 프로비어렌

한국 음식 잘 드시나요?

Essen Sie gern koreanisch?

에센 지 게언 코레아니쉬

이거 어떻게 먹는 건가요?

Wie kann ich das denn essen?

뷔 칸 이히 다스 덴 에센

이 찌개 맛 좀 봐주세요.

Bitte probieren Sie mal diesen Eintopf.

비테 프로비어렌 지 말 디젠 아인토프

좀 더 드시겠어요?

Möchten Sie etwas mehr?

뫼히텐 지 에트봐스 메어

'맛있게 드세요!', '많이 드세요!' 혹은 '잘 먹겠습니다.'와 같이 식사할 때의 인사는 일반적으로 Guten Appetit!을 사용합니다. 이 밖에도 Lassen Sie sich's gut schmecken!이나 Bitte bedienen Sie sich!도 식사 시에 할 수 있는 인사 표현이니 잘 알아두도록 합시다.

주요표현

A : Leider muss ich langsam gehen.
라이더 무쓰 이히 랑잠 게엔

B : Können Sie nicht etwas länger bleiben?
쾨넨 지 니히트 에트봐스 렝어 블라이벤

A : 천천히 가봐야 할 것 같네요.

B : 좀 더 있다 가시면 안 될까요?

시간이 늦었네요.

So, es ist schon spät.
조 에스 이스트 숀 슈펫

이제 가봐야겠습니다.

Nun gehe ich weg.
눈 게에 이히 벡

좀 더 계시지요.

Bleiben Sie doch noch ein bisschen!
블라이벤 지 도흐 노흐 아인 비쓰헨

즐거운 저녁이었습니다.

Es war ein netter Abend.
에스 봐 아인 네터 아벤트

다시 뵙기 바랍니다.

Ich hoffe, wir sehen uns bald wieder!
이히 호페 뷔어 제엔 운스 발트 비더

운전 조심하세요.

Fahren Sie bitte vorsichtig!

파렌 지 비테 포어지히티히

잘 들어가세요.

Kommen Sie gut nach Hause!

콤멘 지 굿 나흐 하우제

역까지 바래다 드리겠습니다.

Ich begleite Sie bis zum Bahnhof.

이히 베글라이테 지 비스 쭘 반호프

다시 한번 들러주세요.

Kommen Sie einfach wieder mal vorbei!

콤멘 지 아인파흐 비더 말 포어바이

부모님께 안부 전해 주시고요.

Viele Grüße an Ihre Eltern.

필레 그뤼쎄 안 이어레 엘턴

초대받은 손님들이 식사를 마치고 집으로 갈 때 초대한 사람으로부터 '집으로 잘 들어가시라'는 말을 듣게 되지요. 이럴 때는 Kommen Sie gut nach Hause! 로 표현할 수 있습니다. kommen이라는 동사를 사전적 의미인 '오다'로만 해석하면 안 될 때가 있습니다. '가다'를 kommen으로 사용할 때도 많다는 것을 잊지 말도록 합시다.

6. 축하의 표현

주요표현

A : Frohes neues Jahr!
프로에스 노이에스 야

B : Danke schön! Ihnen auch.
당케 쉔 이넨 아우흐

A : 새해 복 많이 받으세요.

B : 고맙습니다. 당신도요.

메리 크리스마스!

Frohe Weihnachten!
프로에 바이나흐텐

생일 축하합니다!

Herzlichen Glückwunsch zum Geburtstag!
헤어츨리헨 글뤽분쉬 쭘 게부어츠탁

새해 복 많이 받으세요.

Guten Rutsch ins neue Jahr!
구텐 루취 인스 노이에 야

새해에 모든 일이 잘되길 바래요.

Alles Gute zum neuen Jahr!
엘레스 구테 쭘 노이엔 야

즐거운 부활절 되세요.

Frohe Ostern!
프로에 오스턴

결혼을 진심으로 축하드려요.

Herzlichen Glückwunsch zu Ihrer Hochzeit.

헤어츨리헨 글뤽분쉬 쭈 이어러 호흐짜잇

결혼 25주년을 축하드립니다.

Ich beglückwünsche Sie zur silbernen Hochzeit.

이히 베글뤽뷘쉐 지 쭈어 질버르넨 호흐짜잇

승진을 축하드립니다.

Ich gratuliere Ihnen zur Beförderung.

이히 그라툴리어레 이넨 쭈어 베푀어더룽

시험 잘 봐.

Viel Glück bei der Prüfung!

필 글뤽 바이 데어 프뤼풍

성공하길 빕니다.

Ich wünsche Ihnen viel Erfolg.

이히 뷘쉐 이넨 필 에어폴크

가까운 사람들에게 성탄과 부활을 축하할 경우에는 각각 Frohe Weihnachten! / Frohe Ostern!이라고 하는데, 한국어로는 '기쁜 성탄을!', '기쁜 부활절을!' 이라는 뜻입니다. 모두 Ich wünsche Ihnen.(제가 당신에게 바랍니다.)이 생략된 표현이죠. 생일이나 결혼 등 개인의 특정일을 축하할 경우에는 일반적으로 Herzlichen Glückwunsch zu ~를 사용하는 경우가 많습니다. '~를 맞이하여 진심으로 행운을 빈다'라는 의미입니다.

7. 축복과 기원

주요표현

A : Ich wünsche Ihnen alles Gute.
이히 뷘쉐 이넨 알레스 구테

B : Danke, gleichfalls.
당케 글라이히팔스

A : 모든 일이 잘되길 바랍니다.

B : 고맙습니다. 당신도 잘되길 바래요.

행복한 한 해 되기를 바랍니다.

Ein glückliches neues Jahr!
아인 글뤽리헤스 노이에스 야

새해 복 많이 받고 건강하길 바래요.

Viel Glück und Gesundheit im neuen Jahr!
필 글뤽 운트 게준트하잇 임 노이엔 야

건배!

Prost!
프로스트

건강을 위하여!

Zum Wohl!
쭘 볼

여행 잘 하세요!

Gute Reise!
구테 라이제

좋은 하루 되세요!

Schönen Tag noch!

쉐넨 탁 노흐

주말 잘 보내세요!

Schönes Wochenende!

쉐네스 보헨엔데

휴일 잘 보내세요!

Schöne Feiertage!

쉐네 파이어타게

회복 잘 하시길 바래요. (상대방이 아플 때)

Gute Besserung!

구테 베써룽

즐거운 시간 되길!

Viel Spaß!

퓔 슈파스

축복과 기원을 나타내는 간단한 인사말은 여기에 수록된 표현 이외에도 Viel Erfolg!(성공하길 바래요.) Alles Gute!(다 잘되길 바랍니다.) Herzlichen Glückwunsch!(진심으로 축하드려요.) 등이 있습니다.

관련단어

주요 형용사

viel	필	많은
wenig	베니히	적은
groß	그로스	큰
klein	클라인	작은
breit	브라잇	넓은
schmal	슈말	좁은
lang	랑	긴
kurz	쿠어츠	짧은
hoch	호흐	높은
niedrig	니트리히	낮은
gut	굿	좋은
schlecht	슐레히트	나쁜
teuer	토이어	비싼
billig	빌리히	싼
alt	알트	늙은, 낡은
jung	융	젊은
leicht	라이히트	가벼운, 쉬운
schwer	슈베어	무거운, 어려운
dick	딕	두꺼운, 뚱뚱한
dünn	뒨	얇은, 날씬한
stark	슈타르크	강한
schwach	슈바크	약한
schnell	슈넬	빠른
langsam	랑잠	천천히, 느린
richtig	리히티히	옳은
falsch	팔쉬	틀린

쇼핑 • 식사

7장

1. 물건을 고를 때
2. 슈퍼에서
3. 물건 값 계산하기
4. 가격 흥정하기
5. 교환, 반품
6. 음식점 예약
7. 음식 주문하기
8. 맛에 대한 표현
9. 술을 마실 때
10. 식사 시의 기타 요청
11. 식사비 계산하기

1. 물건을 고를 때

주요표현

A : Ich suche einen blauen Mantel.
이히 주헤 아이넨 블라우엔 만텔

B : Welche Größe haben Sie?
벨혜 그뢰쎄 하벤 지

A : 청색 외투 하나 찾고 있는데요.

B : 치수가 어떻게 됩니까?

어떤 색상을 원하시는데요?

Was für eine Farbe möchten Sie?
봐스 퓨어 아이네 파르베 뫼히텐 지

어떤 색상이 있는데요?

Was für Farben haben Sie?
봐스 퓨어 파르벤 하벤 지

저는 검은색 바지를 찾고 있습니다.

Ich suche eine Hose in Schwarz.
이히 주헤 아이네 호제 인 슈바르츠

이 색깔은 당신에게 잘 어울립니다.

Die Farbe steht Ihnen sehr gut.
디 파르베 슈테엣 이넨 제어 굿

색상이 마음에 안 드시나요?

Gefällt Ihnen die Farbe nicht?
게펠트 이넨 디 파르베 니히트

이 색깔은 좋아하지 않습니다.

Ich mag diese Farbe nicht.

이히 막 디제 파르베 니히트

이것은 제 치수가 아닙니다.

Das ist nicht meine Größe.

다스 이스트 니히트 마이네 그뢰쎄

이 바지는 너무 깁니다.

Die Hose ist mir zu lang.

디 호제 이스트 미어 쭈 랑

이것은 제게 안 맞습니다.

Das passt mir nicht.

다스 파스트 미어 니히트

약간 더 작은 것은 없나요?

Haben Sie eine kleinere?

하벤 지 아이네 클라이너레

'어떤 (종류의) ~'이라고 물을 때는 welch-나 was für ein-을 이용하여 표현하면 됩니다. 이 같은 형용사적 의문사 중에서 welch는 정관사의 어미 변화를 하고 was für ein은 부정관사의 어미 변화를 합니다. 그리고 stehen은 '서 있다'라는 뜻 말고도 '어울리다'라는 뜻이 있는데, 옷이 어울리거나 색깔이 어울릴 때 주로 사용되는 동사입니다.

주요표현

A : Entschuldigung, wo finde ich Milch?
엔트슐디궁 보 핀데 이히 밀히

B : Vielleicht bei den Milchprodukten.
필라이히트 바이 덴 밀히프로둑텐

A : 실례합니다, 우유가 어디에 있나요?

B : 아마 유제품 코너에 있을 거예요.

저 좀 도와주실 수 있나요?

Können Sie mir helfen?
쾨넨 지 미어 헬펜

무엇을 찾으시는데요?

Was suchen Sie denn?
봐스 주헨 지 덴

생선은 어디에 있죠?

Wo findet man Fisch?
보 핀뎃 만 피쉬

저 뒤편 왼쪽 냉동매장에 있습니다.

Da hinten links, bei der Tiefkühlkost.
다 힌텐 링크스 바이 데어 티프퀼코스트

죄송한데요, 저도 잘 모르겠습니다.

Tut mir leid, das weiß ich auch nicht.
툿 미어 라잇 다스 봐이스 이히 아우흐 니히트

도와드릴까요?

Kann ich Ihnen helfen?

칸 이히 이넨 헬펜

여기에 세제가 어디에 있죠?

Wo gibt es hier Waschmittel?

보 깁트 에스 히어 봐쉬미텔

바로 여기 앞에 있습니다.

Die sind gleich hier vorne.

디 진트 글라이히 히어 포르네

빈 병을 반납하고 싶은데요.

Ich möchte leere Flaschen zurückgeben.

이히 뫼히테 레레 플라쉔 쭈뤽게벤

저기에서 병을 반납하실 수 있습니다.

Da können Sie Ihre Flaschen abgeben.

다 쾨넨 지 이어레 플라쉔 압게벤

찾고 있는 물건이나 장소가 어디에 있는지를 물을 때 Wo ist ~?를 이용하여 표현하는 것도 좋지만 Wo gibt es ~?나 Wo finde ich ~?도 많이 쓰이는 표현이므로 잘 알아두어야 합니다.

3. 물건 값 계산하기

주요표현

A : Wie viel kostet das hier?
뷔 필 코스텟 다스 히어

B : Es kostet vierundzwanzig Euro.
에스 코스텟 피어운트쯔반찌히 오이로

A : 이것은 얼마입니까?

B : 24유로입니다.

얼마예요?

Was kostet das?
봐스 코스텟 다스

7유로 50센트입니다.

Das macht 7,50 Euro(sieben Euro fünfzig).
다스 마흐트 지벤 오이로 퓐프찌히

삼겹살 1킬로그램 주세요.

Ich hätte gern ein Kilo Schweinebauch.
이히 헤테 게어네 아인 킬로 슈바이네바우흐

덩어리로 드릴까요, 잘라서 드릴까요?

Am Stück oder geschnitten?
암 슈튁 오더 게슈니텐

잘라서 주세요.

Geschnitten, bitte.
게슈니텐 비테

얼마입니까?

Was kostet der denn?

봐스 코스텟 데어 덴

100그램에 1유로 40센트입니다.

100 Gramm zu 1,40(ein Euro vierzig).

아인훈더트 그람 쭈 아인 오이로 피어찌히

현찰인가요, 아니면 카드로 계산하시나요?

Zahlen Sie bar oder mit Karte?

짤렌 지 바 오더 밋 카르테

더 싼 건 없나요?

Haben Sie etwas Billigeres?

하벤 지 에트봐스 빌리거레스

조금 깎아주실 수 있습니까?

Können Sie den Preis etwas ermäßigen?

쾨넨 지 덴 프라이스 에트봐스 에어메씨겐

▶**유로화를 독일어로 읽는 방법** : 유로 단위가 있을 때에는 Euro를 말하고 센트는 읽지 않습니다. 하지만 유로 단위가 없고 센트 단위만 있는 경우에는 '센트'를 읽습니다. 읽는 방법은 다음과 같습니다.

23, 50 € : dreiundzwanzig Euro fünfzig
[드라이운트쯔봔찌히 오이로 퓐프찌히]

-,50 € : fünfzig Cent [퓐프찌히 센트]

4. 가격 흥정하기

주요표현

A : Können Sie es mir etwas billiger geben?
쾨넨 지 에스 미어 에트봐스 빌리거 게벤

B : OK, ich gebe Ihnen 5 Prozent Rabatt.
오케이 이히 게베 이넨 퓐프 프로첸트 라밧

A : 싸게 해 주시겠습니까?

B : 좋아요. 5퍼센트 깎아드리겠습니다.

세일 가격입니다.

Das ist ein Sonderpreis.

다스 이스트 아인 존더프라이스

조금 비싸네요.

Das ist etwas teuer.

다스 이스트 에트봐스 토이어

무엇을 찾으세요?

Was darf es sein?

봐스 다르프 에스 자인

세일상품은 없나요?

Haben Sie keine Sonderangebote?

하벤 지 카이네 존더안게보테

할인받을 수 있습니까?

Könnten Sie mir einen Rabatt gewähren?

쾬텐 지 미어 아이넨 라밧 게베어렌

저희는 정찰제입니다.

Wir haben feste Preise.

뷔어 하벤 페스테 프라이제

현금 계산하시면 10% 할인입니다.

Wir geben 10 % Rabatt bei Barzahlung.

뷔어 게벤 첸 프로첸트 라밧 바이 바짤룽

제가 생각했던 것보다 훨씬 더 비싸네요.

Das ist viel teurer als ich gedacht habe.

다스 이스트 퓔 토이러 알스 이히 게다흐트 하베

20%까지 할인해 드리겠습니다.

Wir geben Ihnen 20% Rabatt.

뷔어 게벤 이넨 쯔봔찌히 프로첸트 라밧

좀 더 생각해 봐야 하겠습니다.

Ich muss es mir noch überlegen.

이히 무스 에스 미어 노흐 위벌레겐

독일은 일반적으로 정찰제이기 때문에 일부 한국의 상점처럼 가격 흥정을 하거나 가격을 깎아주는 일이 거의 없습니다. 하지만 '벼룩시장'이라고 불리우는 Frohmarkt에서는 중고제품들이 판매되므로 가격 흥정이 가능합니다. 이에 대비하여 가격 할인과 관련된 표현을 익혀두는 것이 좋습니다.

주요표현

A : Was darf es sein?
봐스 다르프 에스 자인

B : Ich möchte diese Kamera umtauschen.
이히 뫼히테 디제 카메라 움타우쉔

A : 무엇을 도와드릴까요?

B : 이 카메라를 교환하고 싶습니다.

이것을 교환해 주시겠습니까?

Können Sie es umtauschen?
쾨넨 지 에스 움타우쉔

이것은 제게 안 맞습니다.

Das passt mir nicht.
다스 파스트 미어 니히트

이것은 제 치수가 아닙니다.

Das ist nicht meine Größe.
다스 이스트 니히트 마이네 그뢰쎄

이것은 고장났습니다.

Das ist nicht in Ordnung.
다스 이스트 니히트 인 오어트눙

수리해 주세요.

Reparieren Sie es bitte.
레파리어렌 지 에스 비테

반품하고 싶습니다.

Ich möchte dieses Produkt zurücksenden.

이히 뫼히테 디제스 프로둑트 쭈뤽젠덴

환불받고 싶습니다.

Ich möchte das Geld zurückerstattet bekommen.

이히 뫼히테 다스 겔트 쭈뤽에어슈타텟 베콤멘

환불해 주세요.

Erstatten Sie das Geld zurück.

에어슈타텐 지 다스 겔트 쭈뤽

영수증 가져오셨어요?

Haben Sie die Quittung dabei?

하벤 지 디 크비퉁 다바이

영수증이 여기 있습니다.

Hier ist die Quittung.

히어 이스트 디 크비퉁

돈을 환전하거나 제품을 교환하고 싶을 때는 umtauschen이나 wechseln과 같은 동사를 사용합니다. 또한 환불하고자 할 경우에는 zurückerstatten이라는 분리동사가 일반적으로 사용되는데, '환불받다'라는 뜻으로 zurückerstattet bekommen을 이용합니다.

6. 음식점 예약

주요표현

A : Ich möchte für heute Abend einen Tisch reservieren.
이히 뫼히테 퓨어 호이테 아벤트 아이넨 티쉬 레저비어렌

B : Für wie viele Personen?
퓨어 뷔 필레 페르조넨

A : 오늘 저녁 자리 하나 예약하고 싶습니다.

B : 몇 분이신데요?

자리 하나 예약할 수 있나요?

Kann ich einen Tisch reservieren?
칸 이히 아이넨 티쉬 레저비어렌

어느 분 이름으로 예약하실 건가요?

Auf welchen Namen bitte?
아우프 벨현 나멘 비테

몇 시로 할까요?

Für wie viel Uhr bitte?
퓨어 뷔 필 우어 비테

예약하셨나요?

Haben Sie schon reserviert?
하벤 지 숀 레저비어트

전화로 이미 예약을 했습니다.

Ich habe schon telefonisch gebucht.
이히 하베 숀 텔레포니쉬 게부흐트

예약하지 않았습니다.

Ich habe keine Reservierung.
이히 하베 카이네 레저비어룽

우리는 네 명입니다.

Wir sind vier Personen.
뷔어 진트 피어 피르조넨

창가 쪽 자리라면 좋겠는데요.

Ich hätte gern einen Tisch am Fenster.
이히 헤테 게언 아이넨 티쉬 암 펜스터

죄송합니다. 자리가 다 찼습니다.

Tut mir leid, alles ist schon besetzt.
툿 미어 라잇 알레스 이스트 숀 베젯츠트

얼마나 기다려야 하는 거죠?

Wie lange müssen wir denn warten?
뷔 랑에 뮈센 뷔어 덴 바르텐

식당에 미리 자리를 예약할 경우에는 동사 reservieren이나 buchen을 사용합니다. 또한 자리를 예약할 경우 테이블 단위로 이루어지므로 좌석(Platz)보다는 식탁(Tisch)이라는 명사를 사용합니다. '식탁 하나 예약할 수 있을까요?'라고 말하고 싶을 때는 Kann ich einen Tisch reservieren?이라고 하면 됩니다.

주요표현

A : Was darf ich Ihnen bringen?
봐스 다르프 이히 이넨 브링엔

B : Ich bekomme ein Schnitzel, bitte.
이히 베콤메 아인 슈닛첼 비테

A : 무엇을 드릴까요?

B : 돈가스 하나 주세요.

여기 메뉴판이 있습니다.

Hier ist die Speisekarte.
히어 이스트 디 슈파이제카르테

무엇을 드시겠습니까?

Bitte, was bekommen Sie?
비테 봐스 베콤멘 지

음료는 무엇으로 하시겠습니까?

Was möchten Sie zum Trinken?
봐스 뫼히텐 지 쭘 트링켄

이곳의 전문요리는 무엇입니까?

Was ist Ihre Spezialität?
봐스 이스트 이어레 슈페치알리텟

어떤 요리를 추천하시겠습니까?

Welches Gericht können Sie uns empfehlen?
벨헤스 게리히트 쾨넨 지 운스 엠펠렌

저는 럼프 스테이크 주세요.

Für mich ein Rumpsteak, bitte.
퓨어 미히 아인 룸프슈테이크 비테

스테이크를 어떻게 해드릴까요?

Wie möchten Sie das Steak, bitte ?
뷔 뫼히텐 지 다스 스테이크 비테

미디엄으로 주세요.

Halb durch, bitte.
할프 두르히 비테

후식으로는 무엇이 있습니까?

Was für einen Nachtisch haben Sie?
봐스 퓨어 아이넨 나흐티쉬 하벤 지

후식으로 아이스크림을 먹겠습니다.

Zum Nachtisch nehme ich ein Eis, bitte.
쭘 나흐티쉬 네메 이히 아인 아이스 비테

스테이크 종류의 음식을 주문할 때 고기를 굽는 정도에 따라 웰던, 미디엄, 혹은 레어로 주문하게 되는데, 독일어로 '웰던'은 gut durch, '미디엄'은 halb durch, '레어'는 blutig라고 합니다. 예를 들어 '저는 웰던으로 부탁드립니다.'라고 하려면 Ich hätte es gern gut durch. 혹은 Gut durch für mich, bitte.라고 하면 됩니다.

주요표현

A : Hat es Ihnen gut geschmeckt?
핫 에스 이넨 굿 게슈멕트

B : Ja, es hat mir sehr gut geschmeckt.
야 에스 핫 미어 제어 굿 게슈멕트

A : 맛있게 드셨습니까?

B : 예, 아주 맛있었습니다.

더 드시고 싶으신 것이 있나요?

Möchten Sie noch etwas nehmen?
뫼히텐 지 노흐 에트봐스 네멘

여기 음식이 어떻습니까?

Wie ist das Essen hier?
뷔 이스트 다스 에쎈 히어

음식이 괜찮았습니다.

Das Essen ist gut.
다스 에쎈 이스트 굿

음식이 별로네요.

Das Essen ist schlecht.
다스 에쎈 이스트 슐레히트

먹을 만한 것이 없네요.

Es gibt nichts zu essen.
에스 깁트 니히트 쭈 에쎈

음식 괜찮았습니까?

War das Essen gut?

봐 다스 에쎈 굿

아주 맛있었습니다.

Das war sehr lecker.

다스 봐 제어 렉커

음식이 아주 좋았습니다.

Das Essen war ausgezeichnet.

다스 에쎈 봐 아우스게짜이히넷

생각보다 훨씬 괜찮았습니다.

Viel besser, als ich dachte.

퓔 베써 알스 이히 다흐테

남은 음식을 싸주십시오.

Ich möchte den Rest mitnehmen.

이히 뫼히테 덴 레스트 밋네멘

'맛이 있다'는 뜻의 독일어 표현은 동사 schmecken을 사용하는 경우와 형용사 lecker를 사용하는 경우가 대부분입니다. schmecken은 '~한 맛이 나다'라는 의미로서 보통 '맛이 있습니다'라고 할 때 Es schmeckt mir gut.이라고 하며, Das ist lecker.도 '맛이 있다'는 표현입니다.

주요표현

A : Möchten Sie einen trinken?
뫼히텐 지 아이넨 트링켄

B : Ja, gern. Ich nehme einen Rotwein.
야 게언 이히 네메 아이넨 로트봐인

A : 술 한잔 하시겠어요?

B : 예, 좋습니다. 적포도주 한잔 할게요.

술은 어떤 것으로 하시겠습니까?

Was hätten Sie gern zu trinken?
봐스 헤텐 지 게언 쭈 트링켄

술 한잔 하는 거 어떠세요?

Wie wäre es, wenn wir etwas trinken?
뷔 베레 에스 벤 뷔어 에트봐스 트링켄

저는 술 잘 못해요.

Ich trinke nicht so viel.
이히 트링케 니히트 조 필

저는 술을 전혀 못합니다.

Ich trinke gar nicht.
이히 트링케 가 니히트

생맥주 있나요?

Haben Sie Fassbier?
하벤 지 파스비어

맥주 한 잔 더 드시겠어요?

Möchten Sie noch ein Glas Bier?

뫼히텐 지 노흐 아인 글라스 비어

필스(맥주 종류) 한 잔 더 주세요.

Noch ein Pils, bitte!

노흐 아인 필스 비테

건배!

Prost!

프로스트

(건강을) 위하여!

Zum Wohl!

쭘 볼

(당신의 건강을) 위하여!

Auf Ihr Wohl!

아우프 이어 볼

동료나 친구들끼리 술을 마실 때 '건배'를 하게 되는데, 이 '건배'에 해당되는 독일어 표현은 Prost!나 Zum Wohl! 혹은 Auf Ihr Wohl! 등을 주로 사용합니다. 신년이나 생일 때, 또는 각종 파티에서 술잔을 부딪치며 서로의 건강과 성공을 기원하는 표현들입니다.

10. 식사 시의 기타 요청

주요표현

A : Möchten Sie noch etwas?
뫼히텐 지 노흐 에트봐스

B : Noch ein Bier, bitte.
노흐 아인 비어 비테

A : 더 필요하신 거 있으세요?

B : 맥주 한 잔 더 주세요.

더 필요하신 거 있으세요?

Brauchen Sie noch etwas?
브라우헨 지 노흐 에트봐스

잔이 하나 더 필요합니다.

Wir brauchen noch ein Glas, bitte.
뷔어 브라우헨 노흐 아인 글라스 비테

숟가락이 하나 필요합니다.

Ich brauche einen Löffel.
이히 브라우헤 아이넨 뢰펠

포크 하나 더 갖다 주세요.

Bringen Sie mir noch eine Gabel!
브링엔 지 미어 노흐 아이네 가벨

주문을 취소하고 싶습니다.

Ich möchte meine Bestellung abbestellen.
이히 뫼히테 마이네 베슈텔룽 압베슈텔렌

이것을 주문하지 않았습니다.

Das habe ich nicht bestellt.

다스 하베 이히 니히트 베슈텔트

소금 좀 갖다 주시겠어요?

Könnte ich mal das Salz haben?

쾬테 이히 말 다스 잘쯔 하벤

곧 갖다 드리겠습니다.

Ich bringe es sofort.

이히 브링에 에스 조포어트

디저트로는 뭐가 있나요?

Was haben Sie zum Nachtisch?

봐스 하벤 지 쭘 나흐티쉬

디저트로 무엇을 원하시죠?

Was möchten Sie zum Nachtisch?

봐스 뫼히텐 지 쭘 나흐티쉬

이미 주문한 음료나 음식을 더 추가하여 원할 때에는 noch라는 부사를 붙여서 주문합니다. 예를 들어 '맥주 한 잔 더'는 noch ein Bier, '커피 한 잔 더'는 noch einen Kaffee라고 하면 됩니다. 물론 영어의 please에 해당하는 bitte를 추가한다면 더 좋습니다.

11. 식사비 계산하기

주요표현

A : Wir möchten zahlen, bitte.
뷔어 뫼히텐 찰렌 비테

B : Ja, gern. Zusammen oder getrennt?
야 게언 쭈잠멘 오더 게트렌트

A : 계산하겠습니다.

B : 예, 그럼요. 같이 계산하시나요, 아니면 따로 하세요?

계산서 좀 갖다 주시겠어요?

Kann ich die Rechnung haben?
칸 이히 디 레히눙 하벤

계산하겠습니다.

Zahlen, bitte.
짤렌 비테

다 합쳐서 얼마입니까?

Was kostet das zusammen?
봐스 코스텟 다스 쭈잠멘

같이 계산하시겠어요, 아니면 따로 계산하시겠어요?

Zahlen Sie zusammen oder getrennt?
짤렌 지 쭈잠멘 오더 게트렌트

같이 하겠습니다.

Zusammen, bitte.
쭈잠멘 비테

각자 계산하겠습니다.

Getrennt, bitte.
게트렌트 비테

제가 사겠습니다.

Ich lade Sie ein!
이히 라데 지 아인

오늘은 제가 한턱내는 겁니다.

Sie sind heute mein Gast.
지 진트 호이테 마인 가스트

그만두세요. 오늘은 제가 낼게요.

Lassen Sie! Ich bezahle heute.
라쎈 지 이히 베짤레 호이테

그럼 제가 커피를 사겠습니다.

Dann lade ich Sie zum Kaffee ein.
단 라데 이히 지 쭘 카페 아인

식당에서 상대방에게 식사 대접을 할 때 '제가 사겠습니다.'라는 말을 하게 되는데, 이 경우 독일에서는 분리동사 einladen을 사용합니다. 상대방의 식사 비용을 같이 내려고 한다면 Ich lade Sie ein!이라고 합니다. 이것이 바로 '내가 낼게요.'가 되는 것입니다. einladen은 원래 '초대하다'라는 뜻이지만 여기서는 집에 초대하는 것이 아니라 식당에 초대한다는 의미입니다.

관련단어

의류

Kleidung	클라이둥	의류
Kleid	클라잇	옷
Kostüm	코스튐	의상
Anzug	안쭉	정장, 양복
Mantel	만텔	외투
Jacke	약케	재킷, 점퍼
Sakko	자코	신사복 상의
Blazer	블레이쩌	캐주얼 재킷
Bluse	블루제	블라우스
Hose	호제	바지
Weste	베스테	조끼
Pullover	풀로버	스웨터
T-Shirt	티셔트	티셔츠
Jeans	진스	청바지
Rock	록	치마
Pajama	파야마	파자마, 잠옷
Hemd	헴트	셔츠, 내복
Unterhose	운터호제	팬티
Krawatte	크라봐테	넥타이
Gürtel	귀어텔	허리띠

치수

Gewicht	게비히트	무게
Größe	그뢰쎄	크기
Höhe	회에	높이

Breite	브라이테	넓이, 폭
Tiefe	티페	깊이
Länge	렝에	길이
Weite	바이테	거리
Volumen	볼루멘	부피
Fläche	플레헤	면적
Quadratmeter	크바드랏메터	제곱미터
Kubikmeter	쿠빅메터	세제곱미터
Zentimeter	첸티메터	센티미터
Kilogramm	킬로그람	킬로그램
Pfund	푼트	파운드
Liter	리터	리터

양념

Gewürz	게뷔어쯔	양념, 조미료
Butter	부터	버터
Salz	잘츠	소금
Zucker	쭈커	설탕
Pfeffer	페퍼	후추
Knoblauch	크놉라우흐	마늘
Zwiebel	쯔비벨	양파
Lauch	라우흐	파
Petersilie	페터질리	파슬리
Paprikapulver	파프리카풀버	고춧가루
Senf	젠프	서양겨자
Mayonnaise	마요네제	마요네즈
Sojasoße	조야조쎄	간장

관련단어

음료수

Mineralwasser	미네랄봐써	미네랄 물
Cola	콜라	콜라
Fanta	퐌타	환타
Orangensaft	오랑젠자프트	오렌지주스
Apfelschorle	아펠숄레	사과탄산음료
Kaffee	카페	커피
Tee	테	차
Alkohol	알코홀	술
Bier	비어	맥주
Wein	봐인	와인
Schnaps	슈납스	소주
Kognak	코냑	꼬냑
Sekt	젝트	샴페인
Spurudel	슈푸루델	탄산수
Milch	밀히	우유
Sprite	스프라이트	스프라이트
Saft	자프트	주스
Whisky	뷔스키	위스키
Cocktail	콕테일	칵데일
KaKao	카카오	코코아

음식

Essen	에쎈	음식
Frühstück	프뤼슈튁	아침 식사
Mittagessen	미탁에쎈	점심 식사

Abendessen	아벤트에쎈	저녁 식사
Brot	브롯	빵
Reis	라이스	쌀, 밥
Getreide	게트라이데	곡물, 곡식
Suppe	주페	스프, 국
Rindfleisch	린트플라이쉬	소고기
Schweinefleisch	슈바이네플라이쉬	돼지고기
Hühnerfleisch	휘너플라이쉬	닭고기
Spiegelei	슈피겔아이	계란프라이
Fisch	피쉬	생선
Auster	아우스터	굴
Lachs	락스	연어
Tunfisch	툰피쉬	참치
Krebs	크랩스	가재
Garnele	가넬레	새우
Wurst	부어스트	소시지
Hähnchen	헨쉔	닭튀김
Salat	살랏	양상추, 샐러드
Nachtisch	나흐티쉬	후식, 디저트
Eis	아이스	아이스크림
Kuchen	쿠헨	케이크, 과자
Schokolade	쇼콜라데	초콜릿
Hamburger	함부어거	햄버거
Pizza	핏자	피자
Steak	스테이크	스테이크
Sandwich	샌트뷔치	샌드위치
Schinken	슁켄	햄
Nachtisch	나흐티쉬	후식

관련단어

맛

Geschmack	게슈막	맛
lecker	렉커	맛있는
geschmacklos	게슈막로스	맛없는
scharf	샤프	매운
süß	쥐쓰	달콤한
salzig	잘찌히	짠
fade	파데	싱거운
bitter	비터	쓴
sauer	자우어	신
fettig	페티히	느끼한
frittiert	프리티어트	튀긴

8장

교통

1. 길을 물을 때
2. 길을 안내할 때
3. 버스를 이용할 때
4. 택시를 이용할 때
5. 지하철을 이용할 때
6. 열차를 이용할 때
7. 자동차를 렌트할 때
8. 기내에서

German

1. 길을 물을 때

주요표현

A : Entschuldigung, wo ist der Kölner Dom?
엔트슐디궁 보 이스트 데어 쾰너 돔

B : Tut mir leid. Das weiß ich auch nicht.
툿 미어 라잇 다스 바이쓰 이히 아우흐 니히트

A : 실례합니다. 쾰른 성당이 어디에 있죠?

B : 죄송합니다. 저도 모르겠네요.

실례합니다. 중앙역으로 가고 싶은데요.

Entschuldigung, ich möchte zum Hauptbahnhof.
엔트슐디궁 이히 뫼히테 쭘 하우프트반호프

이 거리를 따라 쭉 직진으로 가세요.

Gehen Sie diese Straße immer geradeaus.
게엔 지 디제 슈트라쎄 임머 게라데아우스

실례합니다. 우체국은 어디에 있습니까?

Entschuldigen Sie bitte, wo finde ich die Post?
엔트슐디겐 지 비테 보 핀데 이히 디 포스트

우체국은 여기서 멀리 있습니다.

Die Post ist weit von hier.
디 포스트 이스트 바잇 폰 히어

걸어가면 얼마나 되죠?

Wie weit ist das denn zu Fuß?
뷔 바잇 이스트 다스 덴 쭈 푸쓰

30분 정도 걸립니다.

Es dauert etwa eine halbe Stunde.

에스 다우엇 에트봐 아이네 할베 슈툰데

지하철을 타세요.

Nehmen Sie die U-Bahn!

네멘 지 디 우반

여기서 가깝습니다.

Es ist in der Nähe von hier.

에스 이스트 인 데어 네에 폰 히어

여기서 멀어요. 버스 타시는 게 나을 거예요.

Das ist weit. Fahren Sie besser mit dem Bus.

다스 이스트 봐잇 파렌 지 베써 밋 뎀 부스

이곳은 처음입니다.

Ich bin fremd hier.

이히 빈 프렘트 히어

상대방이 장소에 대해 물을 때 잘 모르겠다면 Das weiß ich nicht.(모르겠습니다.)라고 말하면 되지만 해당 지역에 처음 온 사람이 대답할 때는 Ich bin fremd hier.라고 말하는 것이 보통입니다. fremd는 '낯선'이란 뜻으로서 '내가 이곳이 낯설다.' 즉, '이곳에 처음 와서 잘 모르겠음'을 알리는 표현이 됩니다.

주요표현

A : Entschuldigung, wie komme ich zur Bank?
엔트슐디궁 뷔 콤메 이히 쭈어 방크

B : Gehen Sie links um die Ecke!
게엔 지 링크스 움 디 엑케

A : 실례합니다. 은행이 어디에 있죠?

B : 모퉁이를 돌아 왼쪽으로 가세요.

이곳 근처에 박물관이 있나요?

Gibt es hier in der Nähe ein Museum?
깁트 에스 히어 인 데어 네에 아인 무제움

곧장 직진으로 가세요.

Fahren Sie immer geradeaus!
파렌 지 임머 게라데아우스

첫 번째 길에서 우회전하세요.

Biegen Sie die erste Straße rechts ab!
비겐 지 디 에어스테 슈트라쎄 레히츠 압

그럼 바로 박물관이 나옵니다.

Dann kommen Sie direkt zum Museum.
단 콤멘 지 디렉트 쭘 무제움

다리를 건너가세요.

Fahren Sie über die Brücke!
파렌 지 위버 디 브뤼케

왼쪽에 시청이 있습니다.

Auf der linken Seite ist das Rathaus.

아우프 데어 링켄 자이테 이스트 다스 랏하우스

괴테로에서 내리셔야 합니다.

Sie müssen an der Goethestraße aussteigen.

지 뮈쎈 안 데어 괴테슈트라쎄 아우스슈타이겐

그러면 오른쪽에 교회가 보일 겁니다.

Auf der rechten Seite sehen Sie dann schon eine Kirche.

아우프 데어 레히텐 자이테 제엔 지 단 숀 아이네 키어헤

교회에서 왼쪽으로 가세요.

An der Kirche gehen Sie links!

안 데어 키어헤 게엔 지 링크스

첫번째 신호등에서 왼쪽으로 가세요.

Fahren Sie an der ersten Ampel links!

파렌 지 안 데어 에어스텐 암펠 링크스

길에 대해 묻고 답할 때 방향을 나타내는 부사들이 많이 사용되는데 '오른쪽'은 rechts, '왼쪽'은 links, '직진'은 geradeaus라고 합니다. 그리고 오른쪽이나 왼쪽으로 돌아갈 때는 분리동사 abbiegen이 주로 사용됩니다. 예를 들어 '오른쪽으로 돌아가세요.'라고 말하려면 Biegen Sie bitte rechts ab.이라고 하면 됩니다.

3. 버스를 이용할 때

주요표현

A : Fährt dieser Bus zum Flughafen?
페엇 디저 부스 쭘 플룩하펜

B : Fahren Sie besser mit der U-Bahn.
파렌 지 베써 밋 데어 우-반

A : 이 버스가 공항으로 가나요?

B : 지하철 타시는 게 더 나을 거예요.

버스 정류소가 어디에 있습니까?

Wo ist die Bushaltestelle?
보 이스트 디 부스할테슈텔레

이 버스가 시청에도 가나요?

Hält dieser Bus auch am Rathaus?
헬트 디저 부스 아우흐 암 랏하우스

어디서 갈아타야 합니까?

Wo muss ich denn umsteigen?
보 무쓰 이히 덴 움슈타이겐

몇 번 노선으로 갈아타야 합니까?

In welche Linie muss ich umsteigen?
인 벨혜 리니에 무스 이히 움슈타이겐

슈트라쎈반 정류소는 어디에 있나요?

Wo finde ich die Straßenbahnhaltestelle?
보 핀데 이히 디 슈트라쎈반할테슈텔레

지하철역으로 가려면 어떻게 합니까?

Wie komme ich zur U-Bahnstation?

뷔 콤메 이히 쭈어 우-반슈타치온

몇 호선을 타야 합니까?

Welche Linie muss ich nehmen?

벨혜 리니에 무스 이히 네멘

승차권은 어디서 살 수 있습니까?

Wo kann ich die Fahrkarte kaufen?

보 칸 이히 디 파카르테 카우펜

티켓 발매기는 어디에 있습니까?

Wo ist der Fahrkartenautomat?

보 이스트 데어 파카르텐아우토맛

다음 정차역은 어디입니까?

Wo ist die nächte Station?

보 이스트 디 넥스테 슈타치온

버스나 전차의 '정류소'는 Haltestelle라고 하며 '지하철역'은 Station이라고 부릅니다. 또한 '기차역'은 보통 Bahnhof라고 하는데, 도시마다 하나씩만 존재하는 '중앙역'은 Hauptbahnhof라고 합니다.

4. 택시를 이용할 때

주요표현

A : Wo kann man ein Taxi nehmen?
보 칸 만 아인 탁시 네멘

B : Der Taxistand ist da drüben.
데어 탁시슈탄트 이스트 다 드뤼벤

A : 어디서 택시를 탈 수 있습니까?

B : 저쪽에 택시 승차장이 있네요.

택시를 부르려고 합니다.

Ich will ein Taxi rufen.
이히 빌 아인 탁시 루펜

택시를 좀 불러주시겠습니까?

Könnten Sie mir ein Taxi bestellen?
쾬텐 지 미어 아인 탁시 베슈텔렌

중앙역까지 요금이 얼마나 될까요?

Wie viel kostet es bis zum Hauptbahnhof?
뷔 필 코스텟 에스 비스 쭘 하웁트반호프

택시로 가면 얼마나 걸립니까?

Wie lange dauert es mit dem Taxi?
뷔 랑에 다우어트 에스 밋 뎀 탁시

트렁크 좀 열어주세요.

Machen Sie bitte den Kofferraum auf!
마헨 지 비테 덴 코퍼라움 아우프

저를 이 주소로 태워다 주세요.

Bringen Sie mich zu dieser Adresse!

브링엔 지 미히 쭈 디저 아드레쎄

여기서 세워주세요.

Halten Sie hier, bitte.

할텐 지 히어 비테

조금만 더 가주세요.

Fahren Sie bitte noch weiter!

파렌 지 비테 노흐 봐이터

20유로 지불하겠습니다.

20 Euro stimmt so.

쯔반찌히 오이로 슈팀트 조

잔돈은 가지세요.

Der Rest ist für Sie.

데어 레스트 이스트 퓨어 지

'택시를 타다', 혹은 '택시를 잡다'를 독일어로 표현하고자 할 때는 주로 Taxi nehmen을 사용합니다. 상대방에게 '택시를 타세요!'라고 할 경우에는 Nehmen Sie ein Taxi!라고 하면 됩니다. 그러나 택시를 부르고자 할 때에는 Taxi rufen이나 Taxi bestellen으로 표현하면 됩니다. 택시를 부르고 싶다면 Ich möchte ein Taxi rufen. 혹은 Ich möchte ein Taxi bestellen.이라고 말해 봅시다.

주요표현

A : Wo soll ich umsteigen?
보 졸 이히 움슈타이겐

B : Steigen Sie an der nächsten Station um!
슈타이겐 지 안 데어 넥스텐 슈타치온 움

A : 어디에서 환승해야 하나요?

B : 다음 역에서 갈아타세요.

지하철 역은 어디입니까?

Wo ist die U-Bahnstation?

보 이스트 디 우반슈타치온

표는 어디에서 살 수 있어요?

Wo kann ich die Fahrkarte kaufen?

보 칸 이히 디 파카르테 카우펜

티켓은 자동 티켓 발매기에서 사세요.

Fahrkarten erhalten Sie am Fahrkartenautomaten.

파카르텐 에어할텐 지 암 파카르텐아우토마텐

지하철로 시청까지 갈 수 있습니까?

Kann man mit der U-Bahn zum Rathaus fahren?

칸 만 밋 데어 우반 쭘 랏하우스 파렌

첫차는 몇 시에 있습니까?

Um wie viel Uhr fährt die erste U-Bahn?

움 뷔 필 우어 페어트 디 에어스테 우반

몇 호선을 타야 합니까?

Welche Linie muss ich nehmen?

벨혜 리니에 무스 이히 네멘

몇 호선이 대사관으로 갑니까?

Welche Linie geht zur Botschaft?

벨혜 리니에 게엣 쭈어 보트샤프트

이 노선의 종점은 어디입니까?

Wo ist die Endstation dieser Linie?

보 이스트 디 엔트슈타치온 디저 리니에

몇 호선으로 갈아타야 합니까?

In welche Linie muss ich denn umsteigen?

인 벨혜 리니에 무스 이히 덴 움슈타이겐

6번 선으로 갈아타세요.

Steigen Sie in die U6 um!

슈타이겐 지 인 디 우젝스 움

환승하고자 할 때는 '갈아타다'라는 의미를 가진 분리동사 umsteigen이 쓰입니다. 승차할 경우에는 einsteigen, 하차할 경우에는 aussteigen을 사용하여 다음 표현을 익히도록 합시다. Steigen Sie ein!(승차하세요!) / Steigen Sie aus!(하차하세요!) / Steigen Sie um!(갈아타세요!)

주요표현

A : Wann fährt der Zug nach Hamburg ab?
반 페엇 데어 쭉 나흐 함부어크 압

B : Um 11:30 Uhr.
움 엘프 우어 드라이찌히

A : 함부르크행 기차는 언제 출발합니까?

B : 11시 30분에요.

프랑크푸르트행 승차권 하나 부탁합니다.

Eine Fahrkarte nach Frankfurt, bitte.
아이네 파카르테 나흐 프랑크푸어트 비테

드레스덴으로 가는 기차표 한 장 부탁합니다.

Ich hätte gern eine Fahrkarte nach Dresden.
이히 헤테 게언 아이네 파카르테 나흐 드레스덴

편도입니까 왕복입니까?

Einfach oder hin und zurück?
아인파크 오더 힌 운트 쭈뤽

왕복으로 주세요.

Hin und zurück, bitte.
힌 운트 쭈뤽 비테

기차가 몇 번 홈에서 출발하죠?

Auf welchem Gleis fährt der Zug ab?
아우프 벨헴 글라이스 페엇 데어 쭉 압

10번 홈입니다.

Auf Gleis 10.

아우프 글라이스 첸

기차가 베를린까지 얼마나 걸립니까?

Wie lange fährt der Zug nach Berlin?

뷔 랑에 페엇 데어 쭉 나흐 베얼린

대략 5시간 이상 걸립니다.

Etwa über 5 Stunden.

에트봐 위버 퓐프 슈툰덴

기차가 10분 연착합니다.

Der Zug hat zehn Minuten Verspätung.

데어 쭉 핫 첸 미누텐 페어슈페퉁

기차를 놓쳤습니다.

Ich habe meinen Zug verpasst.

이히 하베 마이넨 쭉 페어파스트

독일 기차역을 이용할 시에 기본적으로 알아두어야 할 용어가 '편도'와 '왕복'입니다. 기차표를 구할 때 편도의 경우에는 einfach, 왕복의 경우 hin und zurück이라고 말하고 표를 받아야 합니다. 독일은 일반적으로 기차표가 비싼 편이며 편도와 왕복의 가격 차이가 많이 나지 않으므로 다시 출발지로 돌아올 예정이라면 왕복표를 끊는 게 유리합니다.

주요표현

A : Ich möchte ein Auto mieten.
이히 뫼히테 아인 아우토 미텐

B : Welches Automodell hätten Sie gern?
벨헤스 아우토모델 헤텐 지 게언

A : 차를 렌트하고 싶은데요.

B : 어떤 모델을 원하시는데요?

차 한 대 렌트할 수 있습니까?

Kann ich hier ein Auto mieten?
칸 이히 히어 아인 아우토 미텐

얼마 동안 필요하신데요?

Wie lange brauchen Sie das Auto?
뷔 랑에 브라우헨 지 다스 아우토

일주일 동안 필요합니다.

Für eine Woche.
퓨어 아이네 보헤

일주일에 렌트 가격이 얼마죠?

Wie viel kostet es pro Woche?
뷔 필 코스텟 에스 프로 보헤

하루에 60유로입니다.

Für einen Tag kostet es nur sechzig Euro.
퓨어 아이넨 탁 코스텟 에스 누어 제히찌히 오이로

보험이 포함된 가격인가요?

Ist der Preis inklusive Versicherung?

이스트 데어 프라이스 인클루지베 페어지셔룽

종합보험이 포함되어 있나요?

Ist eine Vollkaskoversicherung eingeschlossen?

이스트 아이네 폴카스코페어지셔룽 아인게슐로센

보험료는 따로 내셔야 합니다.

Sie müssen Ihre Versicherung extra bezahlen.

지 뮈센 이어레 페어지셔룽 엑스트라 베짤렌

목적지에서 차를 반납해도 되나요?

Kann ich den Wagen am Ziel zurückgeben?

칸 이히 덴 봐겐 암 찌일 쭈뤽게벤

운전면허증을 가지고 오셨죠?

Haben Sie Ihren Führerschein dabei?

하벤 지 이어렌 퓨어러샤인 다바이

자동차를 렌트할 경우에는 동사 mieten을 사용합니다. mieten은 '빌리다', '임차하다'의 뜻을 가지고 있으며, 월세집을 빌릴 경우나 자동차를 빌릴 때 주로 사용되는 동사입니다. 반대말은 vermieten, 즉 '임대하다', '빌려주다'라는 뜻으로 사용되는 동사입니다.

주요표현

A : Wo ist mein Platz?
보 이스트 마인 플랏츠

B : Da rechts am Fenster.
다 레히츠 암 펜스터

A : 제 자리가 어디에 있습니까?

B : 저기 오른쪽 창가입니다.

제 자리가 어디죠?

Wo ist mein Sitz?
보 이스트 마인 짓츠

이 좌석 번호는 어디에 있나요?

Wo finde ich diese Sitznummer?
보 핀데 이히 디제 짓츠눔머

저기 왼편 통로 쪽입니다.

Das ist da links am Gang.
다스 이스트 다 링크스 암 강

실례합니다, 좀 지나가도 될까요?

Entschuldigung, darf ich mal durch?
엔트슐디궁 다르프 이히 말 두르히

지금 안전벨트를 착용해 주세요.

Bitte schnallen Sie sich jetzt an.
비테 슈날렌 지 지히 옛츠트 안

담요 하나만 주세요.

Ich möchte eine Decke haben.

이히 뫼히테 아이네 데케 하벤

무엇을 마시겠습니까?

Was möchten Sie trinken?

봐스 뫼히텐 지 트링켄

콜라 한 잔 주셨으면 합니다.

Ich hätte gern ein Glas Cola.

이히 헤테 게언 아인 글라스 콜라

닭고기 드시겠습니까, 소고기 드시겠습니까?

Wollen Sie Hähnchen oder Rindfleisch?

볼렌 지 헨쉔 오더 린트플라이쉬

소고기로 하겠습니다.

Rindfleisch, bitte!

린트플라이쉬 비테

'자리'나 '좌석'을 뜻하는 단어는 Platz 또는 Sitz가 있습니다. Platz는 '자리' 이외에 '광장'이란 뜻도 있으니 유의해야 합니다. 창가 쪽 좌석을 가리킬 때는 am Fenster, 내측 좌석을 가리킬 때는 am Gang이라고 합니다. 식당에서도 원하는 테이블이 창가 쪽이라면 Ich hätte gern einen Tisch am Fenster, bitte.라고 하면 됩니다.

관련단어

교통수단

Verkehr	페어케어	교통
Raumschiff	라움쉬프	우주선
Flughafen	풀룩하펜	공항
Flugzeug	풀룩쪼익	비행기
Hubschrauber	훕슈라우버	헬기
Zug	쭉	기차
U-Bahnstation	우-반슈타치온	지하철역
Strassenbahn	슈트라쎈반	전차
Taxi	탁시	택시
Bus	부스	버스
Reisebus	라이제부스	관광버스
PKW	페카베	승용차
LKW	엘카베	화물차
Rettungswagen	레퉁스봐겐	구급차
Feuerwehrauto	포이어베어아우토	소방차
Seilbahn	자일반	케이블카
Sportwagen	스포어트바겐	스포츠카
Motorrad	모토어랏	오토바이
Fahrrad	파랏	자전거
Hafen	하펜	항구
Schiff	쉬프	배
Segel	제겔	돛단배
Boot	보옷	보트
Schulbus	슐부스	스쿨버스
Polizeiauto	폴리차이아우토	경찰차

방향에 관한 표현

Richtung	리히퉁	방향
Ost	오스트	동
West	베스트	서
Süd	쥐트	남
Nord	노어트	북
Südost	쥐트오스트	남동
Südowest	쥐트베스트	남서
Nordost	노어트오스트	북동
Nordwest	노어트베스트	북서
rechts	레히츠	오른쪽에
links	링크스	왼쪽에
oben	오벤	위쪽에
unten	운텐	아래쪽에
in der Mitte	인 데어 미테	가운데에
vorne	포어네	앞에
hinten	힌텐	뒤에
innen	인넨	안에
außen	아우쎈	밖에
neben	네벤	옆에
Eingang	아인강	입구
Ausgang	아우스강	출구
Kreuzung	크로이쭝	교차로
Zebrastreifen	쩨브라슈트라이펜	횡단보도
Ampel	암펠	신호등
Strecke	슈트렉케	구간

관련단어

Biegen Sie rechts ab!	비겐 지 레시츠 압	우회전하세요.
Biegen Sie links ab!	비겐 지 링크스 압	좌회전하세요.
Fahren Sie nach Süden!	파렌 지 나흐 쥐덴	남쪽으로 가세요.
Gehen Sie immer geradeaus!	게엔 지 임머 게라데아우스	곧장 가세요.
Gehen Sie die Straße entlang!	게엔 지 디 슈트라쎄 엔틀랑	이 길을 따라 가세요.
Überqueren Sie die Straße!	위버크베어렌 지 디 슈트라쎄	이 길을 건너세요.
Fahren Sie zurück!	파렌 지 쭈뤽	유턴하세요.

9장

관광

1. 출입국 심사
2. 수하물 찾기
3. 세관에서
4. 방 예약, 방 구하기
5. 체크인 하기
6. 룸서비스
7. 각종 문의
8. 체크아웃 하기
9. 관광지에서
10. 사진을 찍을 때

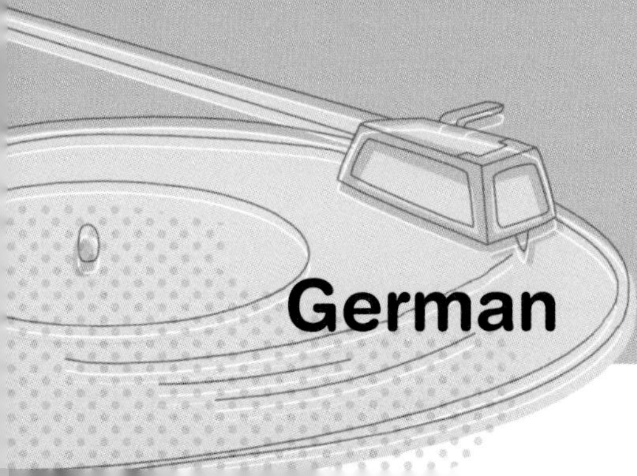

1. 출입국 심사

주요표현

A : Zeigen Sie mir Ihren Pass, bitte.
짜이겐 지 미어 이어렌 파스 비테

B : Hier ist mein Pass.
히어 이스트 마인 파스

A : 여권 좀 보여주세요.
B : 여기 있습니다.

여권 좀 부탁합니다.

Ihren Pass, bitte!
이어렌 파스 비테

여기 있습니다.

Hier bitte!
히어 비테

여행 목적이 무엇입니까?

Was ist der Zweck Ihrer Reise?
봐스 이스트 데어 쯔벡 이어러 라이제

출장 중입니다.

Ich mache eine Geschäftsreise.
이히 마헤 아이네 게쉐프츠라이제

어학과정에 다닐 겁니다.

Ich will einen Sprachkurs machen.
이히 빌 아이넨 슈프라흐쿠어스 마헨

여행하려고 합니다.

Ich will reisen.
이히 빌 라이젠

여기 독일에 얼마나 계실 건가요?

Wie lange bleiben Sie hier in Deutschland?
뷔 랑에 블라이벤 지 히어 인 도이칠란트

약 한 달 정도 머물 겁니다.

Ich bleibe etwa einen Monat.
이히 블라이베 에트봐 아이넨 모낫

독일 어디에 머무실 건가요?

Wo bleiben Sie in Deutschland?
보 블라이벤 지 인 도이칠란트

베를린에 있을 겁니다.

In Berlin.
인 베얼린

Geschäftsreise는 '업무상의 여행', 즉 '출장'의 의미로 사용되는 단어입니다. '신혼여행'은 Hochzeitsreise라고 합니다. 현재 자신이 여행 중일 때는 Ich mache jetzt eine Reise.라고 하거나 Ich reise jetzt.라고 하면 됩니다.

2. 수하물 찾기

주요표현

A : Wo ist die Gepäckausgabe?
보 이스트 디 게펙아우스가베

B : Die ist ganz da hinten.
디 이스트 간쯔 다 힌텐

A : 짐 찾는 곳은 어디에 있나요?

B : 저기 맨 뒤에 있습니다.

짐은 어디서 찾습니까?

Wo kann ich mein Gepäck bekommen?
보 칸 이히 마인 게펙 베콤멘

짐 찾는 곳은 1층에 있습니다.

Die Gepäckausgabe ist im Erdgeschoss.
디 게펙아우스가베 이스트 임 에엇게쇼쓰

이 컨베이어가 KE 747편 짐 찾는 곳입니까?

Ist das hier das Gepäckausgabeband für KE 747?
이스트 다스 히어 다스 게펙아우스가베반트 퓨어 카에 지벤피어지벤

제 짐이 보이지 않습니다.

Ich finde mein Gepäck nicht.
이히 핀데 마인 게펙 니히트

제 짐을 찾을 수가 없습니다.

Ich kann mein Gepäck nicht finden.
이히 칸 마인 게펙 니히트 핀덴

짐을 찾을 수 있게 도와주세요.

Helfen Sie mir bei meinem Gepäck!

헬펜 지 미어 바이 마이넴 게펙

수하물 영수증 좀 보여주세요.

Zeigen Sie mir bitte Ihren Gepäckschein.

짜이겐 지 미어 비테 이어렌 게펙샤인

여기 제 수하물 영수증이 있습니다.

Hier ist mein Gepäckschein.

히어 이스트 마인 게펙샤인

저 파란 가방이 제 것입니다.

Der blaue Koffer gehört mir.

데어 블라우에 코퍼 게회엇 미어

제 가방이 손상되었습니다.

Mein Koffer ist beschädigt.

마인 코퍼 이스트 베쉐디히트

Gepäckschein은 수하물 보관 영수증입니다. 항공사 카운터에서 체크인 할 때 짐을 맡기고 받는 표인데, 화물이 분실될 때 꼭 필요하므로 잘 보관해야 합니다. 보통 항공사 직원이 이 Gepäckschein을 여권이나 탑승권에 붙여줍니다.

주요표현

A : Haben Sie etwas zu verzollen?
하벤 지 에트봐스 쭈 페어쫄렌

B : Nein, ich habe nichts zu deklarieren.
나인 이히 하베 니히츠 쭈 데클라리어렌

A : 세관신고할 물건이 있나요?

B : 아니요, 신고할 물건이 없습니다.

신고할 물건이 있습니까?

Haben Sie Waren anzumelden?
하벤 지 바렌 안쭈멜덴

세관신고서를 보여주세요.

Zeigen Sie mir bitte Ihre Zollanmeldung.
짜이겐 지 미어 비테 이어레 쫄안멜둥

가방 속에는 무엇이 들어 있습니까?

Was haben Sie in dieser Tasche?
봐스 하벤 지 인 디저 타쉐

이것이 무엇인가요?

Was ist denn das?
봐스 이스트 덴 다스

여자 친구에게 줄 선물입니다.

Das ist ein Geschenk für meine Freundin.
다스 이스트 아인 게쉥크 퓨어 마이네 프로인딘

가방을 열어주시겠습니까?

Könnten Sie bitte Ihre Tasche öffnen?

퀸텐 지 비테 이어레 타쉐 외프넨

이 트렁크를 한번 열어보시겠습니까?

Würden Sie bitte einmal Ihre Tasche öffnen?

뷔르덴 지 비테 아인말 이어레 타쉐 외프넨

이것은 가지고 들어가실 수 없습니다.

Sie dürfen das hier nicht einführen.

지 뒤어펜 다스 히어 니히트 아인퓨어렌

이것은 제가 개인적으로 사용하는 물건입니다.

Das ist nur für meinen persönlichen Gebrauch.

다스 이스트 누어 퓨어 마이넨 페르죈리헨 게브라우흐

모두 개인 소지품입니다.

Alles sind meine privaten Sachen.

알레스 진트 마이네 프리바텐 자헨

verzollen은 '관세를 물다'라는 뜻의 동사로서 Haben Sie etwas zu verzollen?이라고 하면 '관세를 물어야 할 어떤 것을 가지고 있느냐?' 즉, '세관 신고할 것이 있느냐?'라고 묻는 말입니다. deklarieren은 '(세관에) 신고하다'라는 뜻으로서, 만일 신고할 물건이 없다면 Ich habe nichts zu deklarieren.으로 답을 하면 됩니다.

주요표현

A : Haben Sie ein Zimmer frei?
하벤 지 아인 침머 프라이

B : Was für ein Zimmer möchten Sie?
봐스 퓨어 아인 침머 뫼히텐 지

A : 빈 방 있나요?

B : 어떤 방을 원하시는지요?

방을 하나 구했으면 합니다.

Ich hätte gern ein Zimmer.
이히 헤테 게언 아인 침머

욕실이 있는 싱글룸을 원합니다.

Ich möchte ein Einzelzimmer mit Bad.
이히 뫼히테 아인 아인쩰침머 밋 밧

예, 아직 비어 있습니다.

Ja, es ist noch frei.
야 에스 이스트 노흐 프라이

이미 방이 다 찼습니다.

Leider sind die Zimmer voll belegt.
라이더 진트 디 침머 폴 벨렉트

죄송하지만 더 이상 빈 방이 없네요.

Leider haben wir kein Zimmer mehr frei.
라이더 하벤 뷔어 카인 침머 메어 프라이

얼마 동안 숙박하실 겁니까?

Wie lange möchten Sie übernachten?

뷔 랑에 뫼히텐 지 위버나흐텐

2박 3일 지낼 겁니다.

Zwei Nächte.

쯔바이 네히테

일주일간이요.

Für eine Woche.

퓨어 아이네 보헤

8월 10일까지 지낼 겁니다.

Ich bleibe bis zum 10. August.

이히 블라이베 비스 쭘 첸텐 아우구스트

금요일에 떠날 겁니다.

Ich reise am Freitag ab.

이히 라이제 암 프라이탁 압

frei라는 단어는 영어의 free처럼 '자유로운'이라는 뜻을 가지고 있습니다. 하지만 자리나 방이 '비어 있는', 혹은 '무료의'라는 뜻으로도 사용됩니다. 호텔 방이 비어 있는지를 물을 때는 Haben Sie ein Zimmer frei?라고 물으면 되고 자리가 비어 있는 지를 물을 때는 Ist hier noch frei?라고 하면 됩니다.

주요표현

A : Haben Sie ein Zimmer reserviert?
하벤 지 아인 침머 레저비어트

B : Ja, ich habe online gebucht.
야 이히 하베 온라인 게부흐트

A : 방을 예약하셨나요?

B : 예, 인터넷으로 예약했습니다.

예약하셨습니까?

Sind Sie schon angemeldet?

진트 지 숀 안게멜뎃

유감이지만 예약을 못했습니다.

Leider habe ich keine Reservierung.

라이더 하베 이히 카이네 레저비어룽

혹시 예약하셨나요?

Haben Sie es vielleicht gebucht?

하벤 지 에스 필라이히트 게부흐트

어떤 이름으로 예약하셨나요?

Auf welchen Namen, bitte?

아우프 벨혠 나멘 비테

지금 체크인 할 수 있습니까?

Kann ich jetzt einchecken?

칸 이히 옛츠트 아인첵켄

어떤 방에 숙박하시겠습니까?

Welches Zimmer möchten Sie?

벨헤스 침머 뫼히텐 지

요금은 하루에 얼마입니까?

Was kostet eine Übernachtung?

봐스 코스텟 아이네 위버나흐퉁

이 서식을 채워주세요.

Füllen Sie bitte das Formular aus!

퓔렌 지 비테 다스 포어물라 아우스

여기 열쇠 있습니다.

Hier ist Ihr Schlüssel.

히어 이스트 이어 슐리셀

방은 2층에 있습니다.

Das Zimmer ist im ersten Stock.

다스 침머 이스트 임 에어스텐 슈톡

독일과 한국의 언어문화 차이를 한 가지 소개한다면, 건물의 2층을 독일에서는 1층이라고 말하는 것에 유의하여야 합니다. 한국의 1층을 독일에서는 지상층(Erdgeschoss)이라 하기 때문에 지상층 위에 있는 첫번째 층(독일식)이 2층(한국식)이 되는 것입니다. 이에 따라 erster Stock은 2층, zweiter Stock은 3층으로 번역합니다.

주요표현

A : Zimmerservice. Wie kann ich Ihnen helfen?
침머서비스 뷔 칸 이히 이넨 헬펜

B : Können Sie das Frühstück auf mein Zimmer bringen?
쾬넨 지 다스 프뤼슈튁 아우프 마인 침머 브링엔

A : 룸서비스입니다. 무엇을 도와드릴까요?

B : 아침 식사를 방에 가져다 줄 수 있습니까?

도와드릴까요?

Kann ich Ihnen helfen?
칸 이히 이넨 헬펜

내일 아침에 모닝콜 부탁합니다.

Ich hätte gerne einen Weckruf für morgen früh.
이히 헤테 게어네 아이넨 벡루프 퓨어 모르겐 프뤼

아침 식사는 언제 할 수 있나요?

Wann kann man frühstücken?
봔 칸 만 프뤼슈튀켄

인터넷 접속이 가능한가요?

Kann ich hier das Internet nutzen?
칸 이히 히어 다스 인터넷 눗쩬

세탁 부탁합니다.

Ich möchte meine Wäsche reinigen lassen.
이히 뫼히테 마이네 베쉐 라이니겐 라쎈

방이 지저분합니다.

Das Zimmer ist schmutzig.

다스 침머 이스트 슈뭇찌히

옆 방이 너무 시끄럽습니다.

Das Zimmer nebenan ist zu laut.

다스 침머 네벤안 이스트 쭈 라웃

방을 바꿔주시겠어요?

Könnten Sie mir ein anderes Zimmer geben?

쾬텐 지 미어 아인 안더레스 침머 게벤

뜨거운 물이 나오지 않습니다.

Das warme Wasser läuft nicht.

다스 봐르메 봐써 로이프트 니히트

화장실에 수건이 없습니다.

Es fehlen Handtücher im Badezimmer.

에스 펠렌 한트튀혀 임 바데침머

Ich hätte gern ~은 접속법 2식 형태로 '제가 ~을 했으면 합니다.' 혹은 '제가 ~을 하고 싶습니다.'라는 의미로 회화체에 많이 사용되는 표현입니다. Ich möchte gern ~과 비슷한 화법입니다. 예를 들어 카페에서 커피 한잔을 마시고 싶을 때에는 Ich hätte gern eine Tasse Kaffee.라고 하면 됩니다.

주요표현

A : Können Sie meine Wertsachen aufbewahren?
퀸넨 지 마이네 베엇자헨 아우프베봐렌

B : Selbstverständlich!
젤프스트페어슈텐들리히

A : 귀중품을 맡아주실 수 있나요?

B : 물론이지요.

방에 금고가 있습니까?

Gibt es einen Safe im Zimmer?
깁트 에스 아이넨 세이프 임 침머

짐을 맡아주실 수 있습니까?

Können Sie vielleicht mein Gepäck aufbewahren?
퀸넨 지 필라이히트 마인 게펙 아우프베봐렌

트렁크를 보관해 주실 수 있나요?

Können Sie meinen Koffer im Safe aufbewahren?
퀸넨 지 마이넨 코퍼 임 세이프 아우프베봐렌

제 짐을 주시겠습니까?

Könnten Sie mir mein Gepäck zurückgeben?
퀸텐 지 미어 마인 게펙 쭈뤽게벤

제가 열쇠를 방에 두고 나왔습니다.

Ich habe meinen Schlüssel im Zimmer vergessen.
이히 하베 마이넨 슐뤼쎌 임 침머 페어게쎈

여기서 환전할 수 있습니까?

Kann ich hier Geld umtauschen?

칸 이히 히어 겔트 움타우쉔

여기서 팩스를 보낼 수 있습니까?

Kann man hier ein Faxgerät benutzen?

칸 만 히어 아인 팍스게렛 베눗쩬

방에서 인터넷을 할 수 있습니까?

Kann ich im Zimmer das Internet nutzen?

칸 이히 임 침머 다스 인터넷 눗쩬

여기서 이메일 좀 확인할 수 있나요?

Kann ich hier mal eine E-Mail abrufen?

칸 이히 히어 말 아이네 이메일 압루펜

관광안내 책자 하나 얻을 수 있을까요?

Kann ich eine Touristenbroschüre bekommen?

칸 이히 아이네 투어리스텐브로쉬레 베콤멘

호텔 방에 있는 금고는 Safe라고 합니다. 독일에서도 영어식 발음으로 '세이프'라고 하지요. 귀중품이나 현금 등을 이 금고에 보관할 수 있으며 카운터의 직원에게도 귀중품을 맡길 수 있습니다. 물건을 맡길 경우에는 '보관하다'라는 동사 aufbewahren을 사용하면 됩니다.

8. 체크아웃 하기

주요표현

A : Wann kann ich abreisen?
반 칸 이히 압라이젠

B : Sie müssen vor 12 Uhr auschecken.
지 뮈쎈 포어 쯔뵐프 우어 아우스첵켄

A : 체크아웃은 언제 할 수 있습니까?

B : 12시 전에 체크아웃 하셔야 합니다.

몇 시까지 방을 비워줘야 합니까?

Bis wann muss ich das Zimmer räumen?
비스 봔 무스 이히 다스 침머 로이멘

몇 시까지 체크아웃 해야 하나요?

Bis wie viel Uhr muss ich auschecken?
비스 뷔 필 우어 무스 이히 아우스첵켄

아침 식사는 언제 할 수 있죠?

Wann kann man frühstücken?
봔 칸 만 프뤼슈튁켄

7시부터 아침 식사를 하실 수 있습니다.

Ab sieben können Sie frühstücken.
압 지벤 쾨넨 지 프뤼슈튁켄

계산 부탁드립니다.

Die Rechnung, bitte.
디 레히눙 비테

현금으로 계산하시겠어요, 아니면 신용카드로 하시겠어요?

Bezahlen Sie in bar oder mit Karte?

비짤렌 지 인 바 오더 밋 카르테

신용카드로 계산하고 싶습니다.

Ich möchte mit Kreditkarte bezahlen.

이히 뫼히테 밋 크레뎃카르테 베짤렌

다 합해서 240유로입니다.

Das macht zusammen 240 Euro.

다스 마흐트 쭈잠멘 쯔바이훈더트피어찌히 오이로

영수증 필요하십니까?

Brauchen Sie eine Quittung?

브라우헨 지 아이네 크비퉁

저희 호텔이 마음에 드셨기를 바랍니다.

Hoffentlich hat es Ihnen bei uns gefallen.

호펜틀리히 핫 에스 이넨 바이 운스 게팔렌

abreisen은 여행지나 호텔 등 숙박지에서 '떠나다'라는 뜻을 가지고 있습니다. 반대로 그 여행지나 호텔로 도착하는 경우는 anreisen이라는 단어를 사용합니다. 즉, abreisen은 숙박지에서 나가는 것을 의미하므로 '체크아웃 하다'라는 뜻으로도 사용된다는 것을 알 수 있습니다.

주요표현

A : Welche Sehenswürdigkeiten gibt es hier?
벨헤 제엔스뷔어디히카이텐 깁트 에스 히어

B : Hier ist das Stadtmuseum sehr berühmt.
히어 이스트 다스 슈탓무제움 제어 베륌트

A : 이곳에 어떤 관광명소들이 있나요?
B : 여기는 시립박물관이 아주 유명합니다.

관광안내소가 어디에 있나요?

Wo finde ich das Fremdenverkehrsbüro?
보 핀데 이히 다스 프렘덴페어케어스뷔로

여기서 관광안내서를 받을 수 있나요?

Kann ich hier einen Reiseführer bekommen?
칸 이히 히어 아이넨 라이제퓨어러 베콤멘

여기에서 시내 지도를 얻을 수 있나요?

Kann ich hier einen Stadtplan bekommen?
칸 이히 히어 아이넨 슈탓플란 베콤멘

어느 곳을 구경하고 싶으세요?

Was möchten Sie sich ansehen?
봐스 뫼히텐 지 지히 안제엔

특히 어떤 것이 볼 만합니까?

Was ist besonders sehenswert?
봐스 이스트 베존더스 제엔스베어트

어떤 관광명소를 추천하시겠습니까?

Welche Sehenswürdigkeiten sind empfehlenswert?

벨헤 제엔스뷔어디히카이텐 진트 엠펠렌스베어트

저는 시내일주 관광을 추천하고 싶습니다.

Ich möchte Ihnen eine Stadtrundfahrt empfehlen.

이히 뫼히테 이넨 아이네 슈탓룬트파르트 엠펠렌

가이드 안내는 언제 시작됩니까?

Wann beginnt die Führung?

봔 비겐트 디 퓨어룽

시내일주 코스가 1인당 얼마입니까?

Was kostet die Rundfahrt pro Person?

봐스 코스텟 디 룬트파르트 프로 페르존

식사도 포함되나요?

Ist das Essen inbegriffen?

이스트 다스 에쎈 인베그리펜

Sehenswürdigkeiten은 '볼 가치가 있는 것들', 즉 '관광명소들'을 뜻하는 복수 형태의 단어입니다. 철자가 길지만 여행 중에 자주 사용할 수 있는 단어이기 때문에 여러 번 반복하여 발음하고 실전에 이용할 수 있도록 합시다. [제엔스뷔어디히카이텐]이라고 발음합니다.

10. 사진을 찍을 때

주요표현

A : Darf ich hier fotografieren?
다르프 이히 히어 포토그라피어렌

B : Ja, aber ohne Blitzlicht.
야 아버 오네 블릿츠리히트

A : 여기서 사진을 찍어도 되나요?

B : 예, 그런데 플래시 터트리면 안 돼요.

여기서 사진 찍어도 되나요?

Darf ich hier Bilder machen?
다르프 이히 히어 빌더 마헨

사진 좀 찍어주시겠습니까?

Könnten Sie ein Foto von mir machen?
쾬텐 지 아인 포토 폰 미어 마헨

이 버튼을 누르시면 됩니다.

Drücken Sie bitte auf diesen Knopf.
드뤼켄 지 비테 아우프 디젠 크노프

한 장만 더 찍어주세요.

Noch einmal, bitte.
노흐 아인말 비테

당신 사진을 한 장 찍어도 되겠습니까?

Darf ich von Ihnen eine Aufnahme machen?
다르프 이히 폰 이넨 아이네 아우프나메 마헨

우리가 같이 찍을 수 있을까요?

Können wir zusammen ein Foto machen?

쾨넨 뷔어 쭈잠멘 아인 포토 마헨

여기는 사진촬영 금지입니다.

Hier ist verboten, Fotos zu machen.

히어 이스트 페어보텐 포토스 쭈 마헨

근처에 사진관이 있습니까?

Gibt es in der Nähe ein Fotostudio?

깁트 에스 인 데어 네에 아인 포토슈투디오

이 사진을 현상해 주세요.

Ich möchte meine Fotos entwickeln lassen.

이히 뫼히테 마이네 포토스 엔트비켈른 라쎈

휴대폰 사진은 어떻게 현상할 수 있나요?

Wie kann man Fotos vom Handy entwickeln

뷔 칸 만 포토스 폼 핸디 엔트비켈른

lassen?

라쎈

'사진을 찍다'라는 표현은 주로 fotografieren이나 Foto machen을 사용합니다. '여기서 사진 찍어도 되나요?'라고 물을 때는 Darf ich hier fotografieren? 혹은 Darf ich hier ein Foto machen?이라고 하면 됩니다.

관련단어

비행기

Kapitän	카피텐	기장
Pilot	필롯	조종사
Flugbegleiter	플룩베글라이터	남승무원
Flugbegleiterin	플룩베글라이터린	여승무원
Gepäckfach	게펙파흐	머리 위 짐칸
Kopfhörer	코프회러	헤드폰
Sauerstoffmaske	자우어슈토프마스케	산소호흡기
Schwimmweste	슈빔베스테	구명조끼
Notausgang	놋아우스강	비상출구
besetzt	베젯츠트	사용 중(화장실)
frei	프라이	비어 있는
Rauchverbot	라우흐페어봇	금연
Vollpension	폴팡지온	세 끼 식사가 제공되는 숙박 형태
Halbpension	할프팡지온	두 끼 식사가 제공되는 숙박 형태
Bellboy	벨보이	짐 운반 및 보관업무 담당자

공항 내 주요 안내 표시

Flughafen	풀룩하펜	공항
Terminal	터미날	(공항)청사
Auskunft	아우스쿤프트	안내
Information	인포어마치온	안내
Abflug	압풀룩	출국, 출발

Ankunft	안쿤프트	도착
Flugsteig	플룩슈타익	탑승게이트
Transit	트란짓	통과, 환승
Eingang	아인강	입구
Ausgang	아우스강	출구
Ausländer	아우스랜더	외국인
Inländer	인랜더	내국인
Bundesbürger	분데스뷔르거	독일인
Besucher	베주허	방문객
Zoll	쫄	세관
Passkontrolle	파스콘트롤레	출입국관리
Quarantäne	크바란테네	검역
Sicherheit	지혀하이트	안전, 보안
Gepäckausgabe	게펙아우스가베	짐 찾는 곳
Gepäckausgabeband	게펙아우스가베반트	컨베이어
Fundbüro	푼트뷔로	분실물센터
Flugschalter	플룩샬터	카운터
Bank	방크	은행
Geldwechsel	겔트벡셀	환전
Mietauto	밋아우토	렌터카
Taxistand	탁시슈탄트	택시 승차장
Bushaltestelle	부스할테슈텔레	버스 정류장

호텔

Anreise	안라이제	(숙박지에) 도착
Abreise	압라이제	(숙박지로부터) 출발
Empfangshalle	엠팡스할레	호텔 로비

관련단어

Rezeption	레쳅치온	호텔 안내창구, 접수대
Zimmerpreis	침머프라이스	객실 요금
Frühstück	프뤼슈튁	아침 식사
Suite	스위테	스위트룸
Familienzimmer	파밀리엔침머	가족실
Konferenzraum	콘퍼렌츠라움	회의실
Zimmermädchen	침머메첸	객실 담당 여종업원
Lieferant	리퍼란트	운반 서비스 직원
Trinkgeld	트링크겔트	팁
Weckdienst	벡디엔스트	모닝콜 서비스
Einzelzimmer	아인쩰침머	1인용 침대가 1개인 객실
Doppelzimmer	도펠침머	2인용 침대가 1개인 객실
Bellboy	벨보이	벨보이(짐 운반 및 보관 업무 담당자)

위급상황 10장

1. 도둑맞았을 때
2. 물건을 잃어버렸을 때
3. 사고를 당했을 때

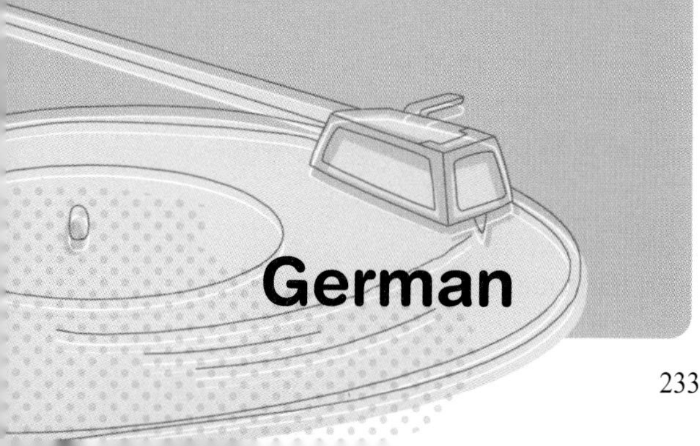

1. 도둑맞았을 때

주요표현

A : Was ist denn passiert?
봐스 이스트 덴 파씨어트

B : Mir wurde mein Portemonaie gestohlen.
미어 부어데 마인 포르테모네 게슈톨렌

A : 왜 그러세요?

B : 지갑을 도난당했어요.

잡아라!

Keine Bewegung!

카이네 베베궁

저놈이 내 가방을 훔쳐갔어요.

Er hat meine Tasche gestohlen.

에어 핫 마이네 타쉐 게슈톨렌

무엇을 도난당했습니까?

Was wurde gestohlen?

봐스 부어데 게슈톨렌

누가 내 돈을 훔쳐갔어요.

Jemand hat mein Geld gestohlen.

예만트 핫 마인 겔트 게슈톨렌

신용카드를 분실했습니다.

Ich habe meine Kreditkarte verloren.

이히 하베 마이네 크레딧카르테 페어로렌

경찰에 신고하세요.

Melden Sie den Verlust bei der Polizei!

멜덴 지 덴 페어루스트 바이 데어 폴리차이

경찰을 불러야겠어요.

Ich muss die Polizei rufen.

이히 무스 디 폴리차이 루펜

언제 어디서 발생했습니까?

Wann und wo ist das passiert?

봔 운트 보 이스트 다스 파씨어트

방금 지하철에서요.

Gerade in der U-Bahn.

게라데 인 데어 우반

시청 앞 광장에서요.

Auf dem Platz vor dem Rathaus.

아우프 뎀 플랏츠 포어 뎀 랏하우스

'도난당하다'라고 표현하고자 할 경우에는 능동형인 '훔치다'를 수동태로 바꾸어야 합니다. '훔치다'라는 뜻을 가진 stehlen의 과거분사형이 gestohlen입니다. 독일어의 수동형은 기본구조가 'werden+... 과거분사'인데, 수동 조동사인 werden의 과거형이 바로 wurde입니다. 가방을 도난당했을 때는 Meine Tasche wurde gestohlen.이라고 하면 됩니다.

주요표현

A : Ich habe meine Tasche verloren.
이히 하베 마이네 타쉐 페어로렌

B : Melden Sie den Verlust bei der Polizei!
멜덴 지 덴 페어루스트 바이 데어 폴리짜이

A : 가방을 잃어버렸는데요.

B : 경찰에 분실 신고를 하세요.

지갑을 분실했습니다.

Ich habe mein Portemonnaie verloren.
이히 하베 마인 포르테모네 페어로렌

분실물센터에 신고하실 수 있습니다.

Sie können den Verlust beim Fundbüro melden.
지 쾨넨 덴 페어루스트 바임 푼트뷔로 멜덴

경찰서에 신고하셔야 합니다.

Sie müssen den Verlust bei der Polizei melden.
지 뮈쎈 덴 페어루스트 바이 데어 폴리짜이 멜덴

여기서 분실 신고를 할 수 있나요?

Kann ich hier einen Verlust melden?
칸 이히 히어 아이넨 페어루스트 멜덴

무엇을 분실하셨는데요?

Was haben Sie denn verloren?
봐스 하벤 지 덴 페어로렌

여권을 분실했습니다.

Ich habe meinen Pass verloren.

이히 하베 마이넨 파스 페어로렌

한국 영사관으로 가십시오.

Gehen Sie bitte zum koreanischen Konsulat!

게엔 지 비테 쭘 코레아니쉔 콘줄랏

핸드백을 도난당했습니다.

Mir wurde meine Handtasche gestohlen.

미어 부어데 마이네 한트타쉐 게슈톨렌

핸드백이 어떻게 생겼습니까?

Wie sieht Ihre Handtasche aus?

뷔 지잇 이어레 한트타쉐 아우스

경찰을 불러야겠습니다.

Ich muss die Polizei rufen.

이히 무스 디 폴리짜이 루펜

독일어로 '잃다'는 verlieren, '잊다'는 vergessen입니다. 이미 무엇인가를 잃어버렸을 때는 verlieren의 과거분사인 verloren을 사용하여 현재완료로 나타냅니다. 만일 여권을 잃어버렸을 경우에는 Ich habe meinen Pass verloren.(저는 제 여권을 잃어버렸습니다.)이라고 표현합니다. 동사 verlieren의 명사형은 '손실', '누락'을 의미하는 Verlust입니다.

3. 사고를 당했을 때

주요표현

A : Ich habe einen Autounfall.
이히 하베 아이넨 아우토운팔

B : Ach, du lieber Himmel!
아흐 두 리버 힘멜

A : 나 자동차 사고가 났어.

B : 아이고, 이런 일이 있을 수가!

교통사고가 났어요.

Es ist ein Autounglück geschehen.
에스 이스트 아인 아우토운글뤽 게쉐엔

다쳤습니다.

Ich bin verletzt.
이히 빈 페어렛츠트

제가 차에 치었습니다.

Ich bin angefahren worden.
이히 빈 안게파렌 보어덴

구급차 좀 불러주세요.

Bitte rufen Sie die Rettungswagen.
비테 루펜 지 디 레퉁스봐겐

경찰에 알려주세요.

Verstädigen Sie bitte die Polizei.
페어슈텐디겐 지 비테 디 폴리짜이

그 사람이 과속을 했습니다.

Er ist zu schnell gefahren.
에어 이스트 쭈 슈넬 게파렌

그 사람이 신호를 무시했습니다.

Er hat die Ampel ignoriert.
에어 핫 디 암펠 이그노리어트

운전자가 너무 늦게 브레이크를 밟았네요.

Der Autofahrer hat zu spät gebremst.
데어 아우토파러 핫 쭈 슈펫 게브렘스트

운전자가 주의하지 않았습니다.

Der Autofahrer hat nicht aufgepasst.
데어 아우토파러 핫 니히트 아우프게파스트

제 잘못이 아닙니다.

Daran habe ich keine Schuld.
다란 하베 이히 카이네 슐트

'차에 치었다'고 할 때는 anfahren이라는 동사를 사용하는데, 실제로는 차가 친 것이고 사람이 당한 것이기 때문에 사람을 주어로 할 때는 수동태로 표현해야 합니다. 수동형을 현재완료 형태로 쓸 때에는 werden의 과거분사인 geworden에서 ge를 뺀 형태를 사용합니다. 따라서 '제가 차에 치었어요.'는 Ich bin angefahren worden.이 됩니다.

관련단어

분실, 도난, 사고

Unfall	운팔	사고
Verkehrsunfall	페어케어스운팔	교통사고
Dieb	딥	도둑
stehlen	슈텔렌	훔치다
Betrüger	베트뤼거	사기꾼
entführen	엔트퓌어렌	유괴하다
drohen	드로엔	협박하다
fliehen	플리엔	도망가다
lügen	뤼겐	거짓말하다
Polizei	폴리차이	경찰
melden	멜덴	신고하다
Fundsache	푼트자헤	분실물, 습득물
Ausweis	아우스바이스	신분증
Pass	파스	여권
Bescheinigung	베샤이니궁	증명서
Kreditkarte	크레딧카르테	신용카드
Scheck	쉑	수표
Rettungswagen	레퉁스바겐	구급차
Rucksack	룩작	배낭
Portemonnaie	포어테모네	지갑

부록

▶초심자를 위한 독일어 막사용 설명서

▶그림 단어

1. 객실
2. 화장실
3. 컴퓨터
4. 문구류
5. 가전제품
6. 주방
7. 승용차
8. 인체
9. 과일
10. 야채
11. 동물

초심자를 위한 독일어 막사용 설명서

독일에 가서 독일어를 못해도 최소한 다음 몇 마디만 알면 도움이 될 것입니다.

■ **Guten Tag!** 구텐 탁	안녕하세요!
■ **Ja.** 야	예.
■ **Nein.** 나인	아니요.
■ **Schön!** 쉔	좋아요.
■ **Das** 다스	이것, 저것
■ **Helfen Sie mir!** 헬펜 지 미어	도와주세요!
■ **Bitte!** 비테	부탁해요. / 제발요.
■ **Entschuldigung!** 엔트슐디궁	실례합니다.

■ **Wie bitte?** 뷔 비테	다시 한번 말씀해 주실래요?
■ **Danke schön!** 당케 쉔	감사합니다.
■ **Bitte schön!** 비테 쉔	천만에요. / 괜찮습니다.
■ **Wo ist ~ ?** 보 이스트	~은 어디에 있습니까?
■ **Wie viel kostet ~ ?** 뷔 필 코스텟	~은 얼마입니까?
■ **Es tut mir leid.** 에스 툿 미어 라잇	미안해요. / 죄송합니다.
■ **Auf Wiedersehen!** 아우프 뷔더제엔	안녕히 계세요!
■ **Tschüs!** 취스	잘 가!

그림 단어

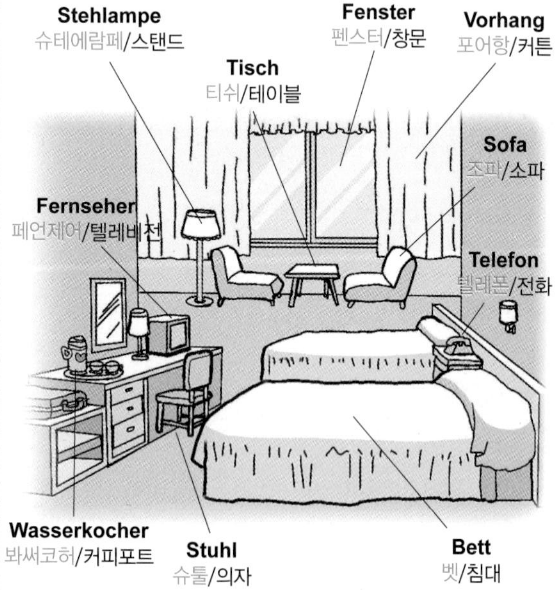

- **Kleiderschrank** 클라이더슈랑크/옷장
- **Aschenbecher** 아쉔베혀/재떨이
- **Steckdose** 슈텍도제/콘센트
- **Lampe** 람페/전등
- **Decke** 덱케/이불
- **Kissen** 키쎈/베개

2. 화장실

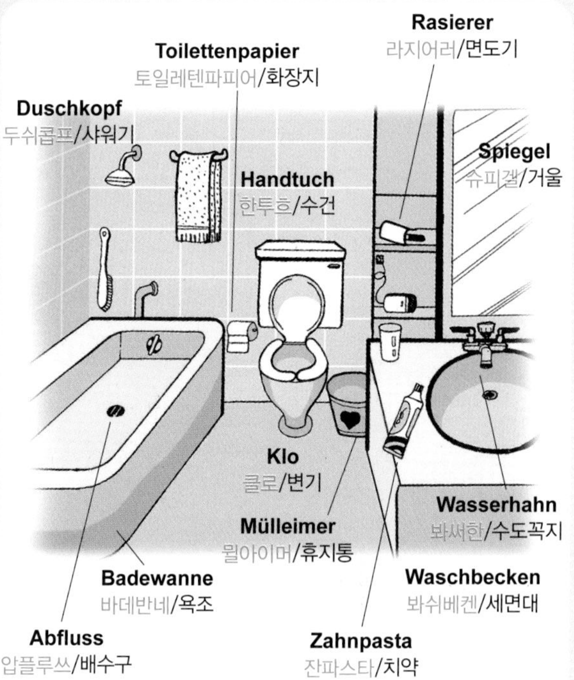

- **Föhn** 푄/드라이기
- **Seife** 자이페/비누
- **Shampoo** 샴푸/샴프
- **Zahnbürste** 찬뷔어스테/칫솔
- **Kamm** 캄/빗
- **Gesichtswasser** 게지히츠봐써/스킨
- **Gesichtscreme** 게지히츠크레메/로션

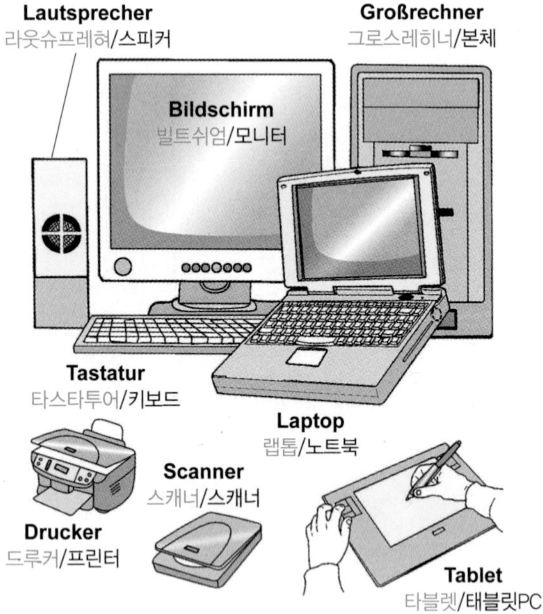

- **PC** 페체/개인용 컴퓨터
- **Desktop** 데스크톱/탁상용 컴퓨터
- **Prozessor** 프로체소어/CPU
- **Maus** 마우스/마우스
- **Festplatte** 페스트플라테/하드 디스크
- **DVD** 데파우데/디브이디
- **Laufwerk** 라우프베어크/드라이브
- **CD-Rom** 체데롬/시디롬
- **Netzwerk** 네츠베어크/네트워크

4. 문구류

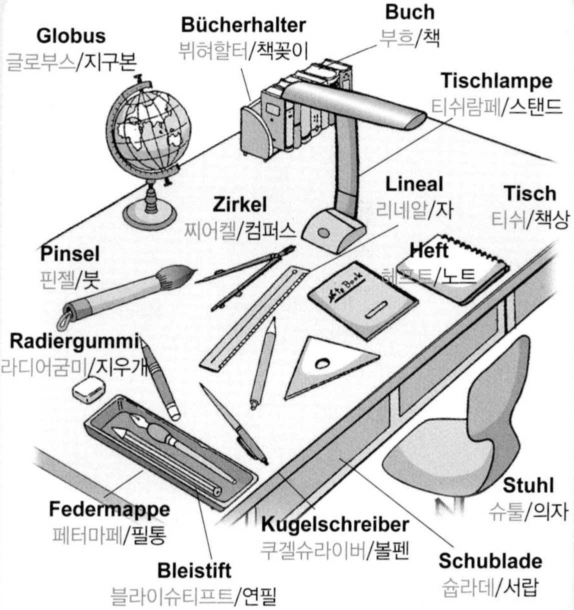

- **Füller** 퓔러/만년필
- **Makierstift** 마키어슈티프트/형광펜
- **Filzschreiber** 필츠슈라이버/사인펜
- **Buntstift** 분트슈티프트/색연필
- **Wachsmalstift** 박스말슈티프트/크레파스
- **Klebeband** 클레베반트/스카치테이프
- **Messer** 메써/커터칼
- **Malfarbe** 말파르베/물감
- **Tacker** 타커/호치키스
- **Tinte** 틴테/잉크
- **Klebestift** 클레베슈티프트/풀
- **Bundpapier** 분트파피어/색종이

5. 가전제품

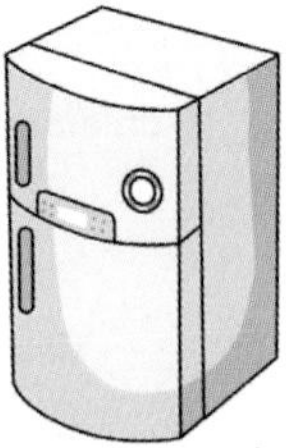

Kühlschrank
퀼슈랑크/냉장고

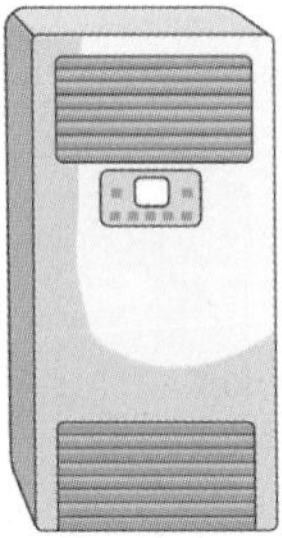

Klimaanlage
클리마안라게/에어컨

Kamera
카메라/카메라

Küchenmixer
퀴헨믹서/믹서기

Fernseher
페언제어/텔레비전

Ventilator
벤틸라토어/선풍기

Waschmaschine
바쉬마쉬네/세탁기

- **Digitalkamera** 디기탈카메라/디지털카메라
- **Staubsauger** 슈타웁자우거/청소기
- **Luftreiniger** 루프트라이니거/공기청정기
- **Luftbefeuchter** 루프트베포이히터/가습기
- **Föhn** 푄/헤어드라이기
- **Kaffeemaschine** 카페마쉬네/커피머신
- **Toaster** 토스터/토스트기
- **Elektroherd** 엘렉트로헤어트/전기레인지

6. 주방

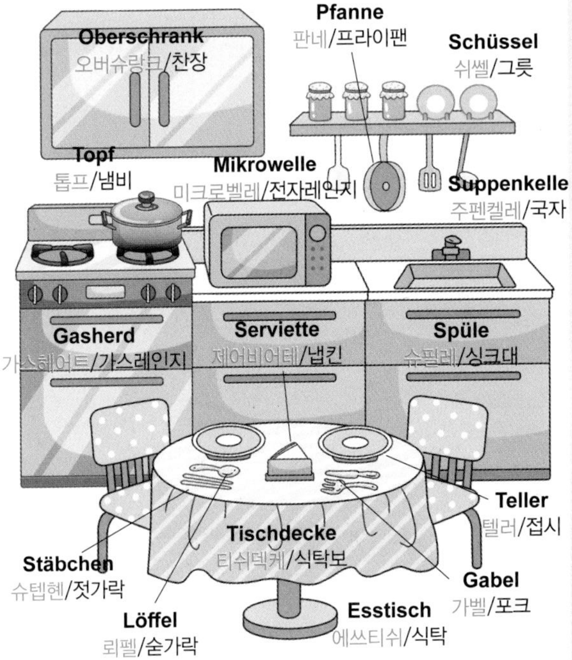

- **Küchenartikel** 퀴헨아티켈/주방용구
- **Spülmaschine** 슈퓔마쉬네/식기세척기
- **Ofen** 오펜/오븐
- **Wasserfilter** 봐써필터/정수기
- **Küchenbrett** 퀴헨브렛/도마
- **Messer** 메써/칼, 식도
- **Tablett** 타블렛/쟁반

7. 승용차

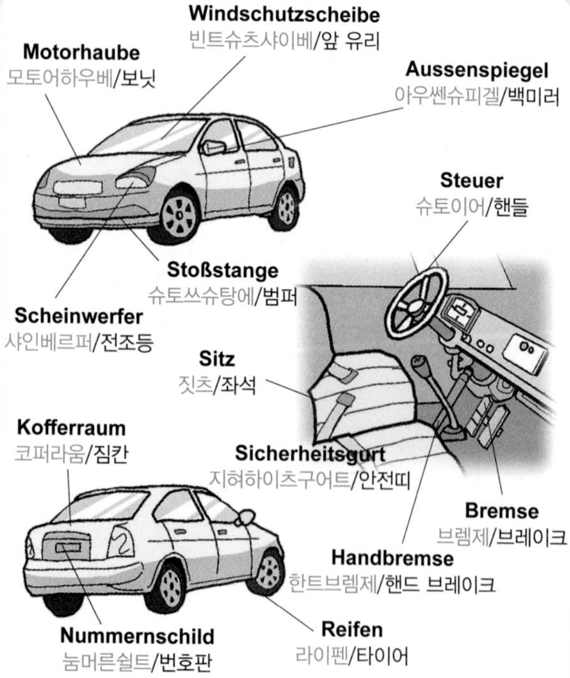

- **Blinker** 블링커/방향 지시기(깜빡이)
- **Scheibenwischer** 샤이벤뷔셔/와이퍼
- **Schalthebel** 샬트헤벨/기어 스틱
- **Gangschaltung** 강샬퉁/기어 변속
- **Kupplung** 쿠플룽/클러치
- **Gaspedal** 가스페달/가속페달
- **Hupe** 후페/경적

8. 인체

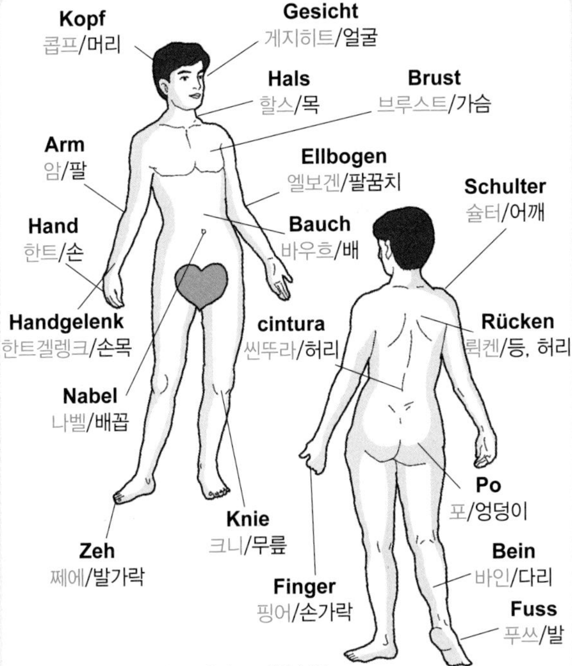

- **Schnurrbart** 슈누어바르트/콧수염
- **Haar** 하르/머리카락
- **Auge** 아우게/눈
- **Mund** 문트/입
- **Lippe** 립페/입술
- **Kinn** 킨/턱
- **Nagel** 나겔/손톱
- **Herz** 헤르츠/심장
- **Stirn** 슈티언/이마
- **Nase** 나제/코
- **Zunge** 쭝에/혀
- **Zahn** 짠/이
- **Bart** 바르트/턱수염
- **Kehle** 켈레/목구멍
- **Augenbraue** 아우겐브라우에/눈썹

9. 과일

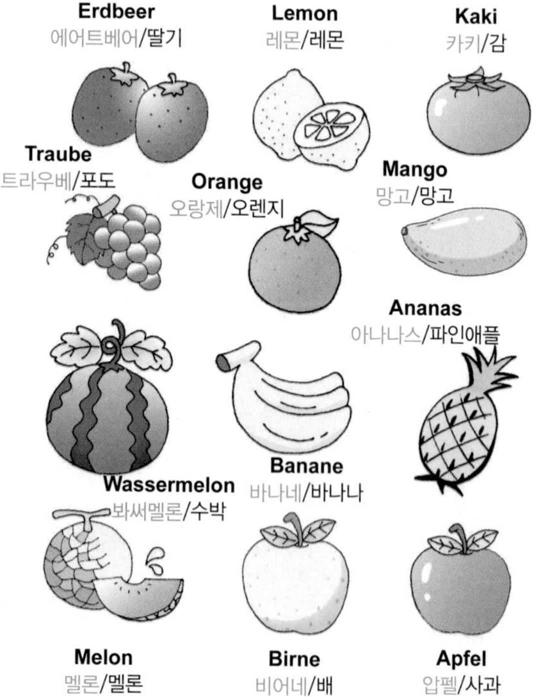

- **Pfirsich** 피어지히/복숭아
- **Pflaume** 플라우메/자두
- **Kastanie** 카스타니에/밤
- **Aprikose** 아프리코제/살구
- **Wallnuss** 봘누스/호두
- **Erdnuss** 에엇누스/땅콩

10. 야채

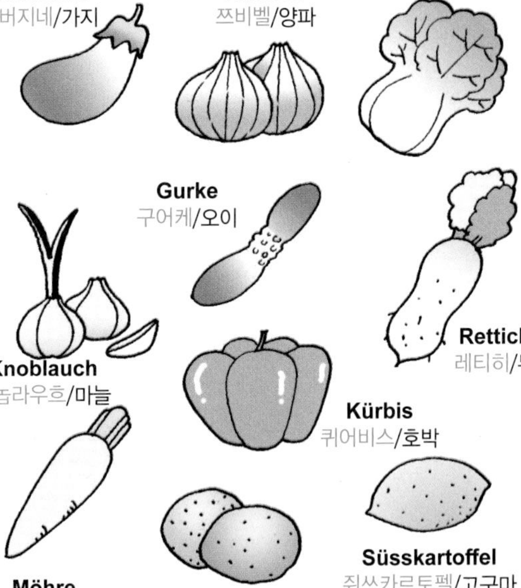

- **Weißkohl** 바이스콜/양배추
- **Lauch** 라우흐/파
- **Ingwer** 잉버/생강
- **Pepperoni** 페페로니/고추
- **Salat** 잘랏/상추
- **Pilz** 필쯔/버섯
- **Spinat** 슈피낫/시금치
- **Tomate** 토마테/토마토
- **Sojabohnensprossen** 쏘야보넨슈프로쎈/콩나물

11. 동물

- **Schaf** 샤프/양
- **Löwe** 뢰베/사자
- **Krokodil** 크로코딜/악어
- **Elefant** 엘레판트/코끼리
- **Hippo** 히포/하마
- **Hase** 하제/토끼
- **Kamel** 카멜/낙타
- **Adler** 아들러/독수리
- **Giraffe** 기라페/기린
- **Walfisch** 발피쉬/고래

■저자 **박일균**

한국외국어대학교 독일어과 졸업
한국외국어대학교 대학원 독일어과 졸업
독일 뒤셀도르프(Düsseldorf) 대학교 독어독문학 및 번역학 전공
독한, 한독 번역사
경성고등학교 독일어 강사(前)
독일 뒤셀도르프 한인학교 한국어 및 독일어 강사(前)
(주) 베를린 독일어학원 전임강사(現)

■저서 / 논문

The 쉬운 독일어 문법
혼자 배우는 독일어 첫걸음
독일어 일상회화사전

문학번역의 연구대상과 과제
호흐후트의 『히틀러의 파우스트 박사』 연구

통기초 독일어 생활회화

HandSumbook

초판 1쇄 인쇄 2020년 8월 15일
초판 1쇄 발행 2020년 8월 20일

지은이 박일균
발행인 박해성
편집인 김양섭 기획마케팅 박상훈, 이민희
발행처 **정진출판사** 02752 서울 성북구 화랑로 119-8
대표전화 (02) 917-9900
홈페이지 jeongjinpub.co.kr 이메일 jj1461@chol.com
출판등록 1989년 12월 20일 제 6-95호

ISBN 978-89-5700-163-9 *10750

• 이 도서의 국립중앙도서관 출판예정도서목록(CIP)은 서지정보유통지원시스템 홈페이지 (http://seoji.nl.go.kr)와 국가자료공동목록시스템(http://www.nl.go.kr/kolisnet)에서 이용하실 수 있습니다.(CIP제어번호 : CIP2020030242)
• 파본은 교환해 드립니다. 책값은 뒤표지에 있습니다.